Vida de Santo Antônio

Sal da terra e luz do mundo

FREI CLARÊNCIO NEOTTI, OFM

Vida de Santo Antônio

Sal da terra e luz do mundo

EDITORA
SANTUÁRIO

Dados Internacionais de Catalogação na Publicação (CIP) de acordo com ISBD

N438v Neotti, Clarêncio

Vida de Santo Antônio: sal da terra e luz do mundo / Clarêncio Neotti. - Aparecida : Editora Santuário, 2023.
160 p. ; 14cm x 21cm.

ISBN 978-65-5527-307-6

1. Religião. 2. Cristianismo. 3. Espiritualidade. 4. Santo. 5. Santo Antônio. I. Título.

CDD 240
2023-835 CDU 24

Elaborado por Vagner Rodolfo da Silva - CRB-8/9410

Índice para catálogo sistemático:
1. Religião : Cristianismo 240
2. Religião : Cristianismo 24

1ª impressão

Rua Pe. Claro Monteiro, 342 – 12570-045 – Aparecida-SP
Tel.: 12 3104-2000 – Televendas: 0800 - 0 16 00 04
www.editorasantuario.com.br
vendas@editorasantuario.com.br

SUMÁRIO

INTRODUÇÃO

O Brasil é o país que maior veneração tem por Santo Antônio. Não há igreja no país sem sua estátua. E nas casas católicas dificilmente falta o nicho com sua imagem protetora. São 15 as dioceses que o tem como padroeiro principal e 24 catedrais o tem como orago. Uma dúzia e meia de municípios estão a ele consagrados e o povo tem feriado em sua festa. Não conheço uma diocese que não tenha ao menos uma paróquia a ele dedicada.

O modo de celebrar Santo Antônio vai desde as danças folclóricas juninas e tiros festivos nos quartéis, onde ele é invocado, às Missas pontificais com a bênção do Pão de Santo Antônio. Em muitos lugares se acrescentam a bênção dos lírios e a bênção das crianças. Na véspera da festa, no dia 12, celebram-se os namorados, que buscam nele compromisso e fidelidade.

Santo Antônio é um fenômeno: em vida foi amado por todas as classes sociais, ou seja, por nobres e plebeus, ricos e pobres, clérigos e leigos. Depois da morte é venerado por sábios e analfabetos, com a mesma confiança em seu poder de ajuda. É estudado por teólogos e folcloristas. É declarado doutor da Igreja e, ao mesmo tempo, modelo de vida escondida em Deus. É o único santo chamado “Santo do mundo inteiro”, ou seja, de todos os povos, de todas as gerações, de todas as camadas sociais.

Santo Antônio morreu na tarde do dia 13 de junho de 1231. Por insistência do povo, de seu bispo e dos padres que conviveram com ele, foi canonizado no dia 30 de maio de 1232, menos de um ano após a morte, coisa que nunca acontecera antes. Se foi uma glória merecida para ele, foi uma perda para os historiadores e hagiógrafos (os que escrevem a vida de santos), porque não foram postos por escritos os fatos acontecidos. É verdade que, logo depois de sua canonização, escreveram-se algumas biografias. Mas escritas para serem lidas durante o Ofício Divino ou como leitura à mesa, durante o almoço, que, na maioria dos mosteiros e conventos, era tomado em silêncio, ouvindo leituras edificantes. Essas biografias têm um estilo próprio não científico e procuram mostrar a presença das virtudes, mesmo fantasiosas, e adaptá-las à vida do santo. Elas se chamam *legendas*, ou seja, para serem lidas. Não confundir legenda com lenda. A lenda é uma história inventada, fantasiosa, portanto, que passa oralmente de geração em geração, com alguns pingos de fatos que podem ser reais e a maior parte inteiramente produto da imaginação. A legenda é um texto para ser lido.

Temos várias legendas de Santo Antônio, todas em latim. Elas são conhecidas pela primeira palavra do texto latino ou pelo nome do autor. Vamos lembrá-las na ordem cronológica. A primeira é a *Assídua*, escrita por volta de 1232 por alguém que conviveu com o Santo e participou da elaboração do processo de canonização. A segunda é a *Juliana*, que tem esse nome porque foi escrita por Frei Juliano de Espira (Speyer, em alemão), que a escreveu em torno de 1235, depois de compor o Ofício da festa de Santo Antônio, e se baseia bastante na primeira legenda. A terceira, escrita por um franciscano anônimo por volta de 1245, usa o estilo do diálogo, ou seja, de perguntas e respostas, por isso se intitula *Diálogo*.

A quarta se chama *Benignitas*, pela primeira palavra do texto. Deve ter sido escrita por volta de 1280 e já diz que são muitas as cidades na Itália e em Portugal que celebram a festa do Santo. A legenda quinta se intitula *Raimondina*, porque foi escrita por Frei Pedro Raimundo. Por fim, temos a legenda *Rigaldina*, assim chamada porque foi escrita por Frei João Rigauld, nascido em Limoges, na França e que ainda conheceu Confrades de Santo Antônio, quando ele lá fora Ministro provincial. Deve ter escrito esta legenda em torno de 1300. E diz que só contará fatos que as outras legendas não contam e os conta para que não se percam no esquecimento. A *Rigaldina* termina com esta belíssima súplica: "Recebe, ó santíssimo pai Antônio, este modesto trabalho de teu servo pobrezinho. Tu, que estás na presença do Rei das luzes, torna-te advogado propício de teus irmãos que ainda lutam neste exílio miserável. Com Francisco, pai dos pobres, consegue que partilhemos tua companhia e a do santo Pai. Isto nos conceda, por tua intercessão e ajuda de São Francisco, o Cristo, Rei piedoso, que com o Pai e o Espírito Santo vive e reina para sempre".

Além dessas legendas, temos ainda a *Bula de Canonização*, datada de 11 de junho de 1232 e uma coleção de milagres de Santo Antônio, que devem ter sido coligidos em torno de 1380 e passou à história com o nome de *Livro dos Milagres* ou *Os Fioretti de Santo Antônio*. Fioretti é uma palavra italiana, que significa "florzinhas". Nós diríamos hoje, talvez, Florilégio.

Santo Antônio é celebrado sobretudo às terças-feiras, porque foi sepultado em uma terça-feira. Nesse dia, costuma-se abençoar e distribuir o chamado pão de Santo Antônio. Em vida, Santo Antônio distribuiu muitas vezes alimento aos pobres e até multiplicou o pão, como fizera Jesus no deserto (*Jo* 6,1-13). Mas o costume de alimentar os pobres às terças-feiras e lhes dar cestas básicas vem das duas Guerras Mundiais, quando o povo faminto buscava ajuda nos Conventos. Não que os Conventos tivessem comida. Mas o povo concentrava os alimentos nos Conventos para serem distribuídos gratuitamente. Foi então que nasceu a Pia União de Santo Antônio para ajudar os Frades a atender os pobres e, entre eles, os órfãos da guerra. Pão de Santo Antônio assumiu um sentido bem maior que o pãozinho bento às terças, tornando-se um modo cristão de partilhar os bens com os mais necessitados.

Santo Antônio gozou de bom espaço na Filatelia, sobretudo por ocasião de centenários de nascimento e morte. O Brasil lançou selo em junho de 1995 para celebrar o oitavo centenário de nascimento do Santo, estampando o famoso quadro de Vieira Lusitano, falecido em 1763. Frei Antônio, com rosto jovem, coroa de flores na cabeça sobre a coroa de frade, vestido com hábito remendado, está sentado ou ajoelhado diante de um altar, apertado contra o peito o Menino de rostinho marotamente feliz. O mesmo quadro foi usado na mesma ocasião por Portugal e Itália.

Santo Antônio voltou à filatelia brasileira em outubro de 2008. Desta vez estampando sua estátua de 1621, que se encontra no frontispício da portaria do Convento do Largo da Carioca, no Rio, chamada carinhosamente pelos cariocas de Santo Antônio do Relento. O Santo segura com imenso carinho o Menino ao colo.

Em 1995, o Vaticano também emitiu um selo em homenagem a Santo Antônio. E fê-lo em uma série composta de três valores, referentes a três temas: Santo Antônio (800 anos de nascimento), São João de Deus (500 anos de nascimento) e São Felipe Neri (400 anos de morte). O selo de Santo Antônio reproduz, em desenho de F. Tulli, a estátua em bronze de Donatello. Foi a primeira vez que o Vaticano dedicou um selo a Santo Antônio. Em 1976, ao homenagear Ticiano Vecello, no IV centenário de sua morte, o Vaticano emitira um selo com o quadro "A glória da Virgem com o Menino e seis santos". Santo Antônio é um deles, e aparece de costas, ao lado de São Francisco, que aparece de lado.

A Itália comemorou o VII centenário de morte do Santo, emitindo, em março de 1931, uma série de sete valores: a admissão de Antônio na Ordem Franciscana; a pregação aos peixes; o eremitério de Olivais; a basílica de Pádua; a morte do Santo, tendo ao fundo a igreja de Arcella; Santo Antônio libertando escravos; e Santo Antônio cercado de fiéis. Esse último selo veio agravado de um acréscimo no preço em favor das obras assistenciais e missionárias dos Frades Menores. Cada colônia italiana recebeu uma remessa dessa coleção, com o respectivo nome por cima. E lançou outro em 1995, aquele mesmo de Portugal e Brasil.

Portugal dedicou selo a Santo Antônio pela primeira vez em 1895, no VII centenário de nascimento. São 15 diferentes valores, em que se representam (nove em vertical e seis em horizontal) as seguintes cenas: a visão de Santo Antônio, o sermão aos peixes, a glória do Santo e sua estátua com o livro na mão e os lírios no braço. Fato singular é que cada selo trazia no reverso, impressa em azul, a oração de São Boaventura. De 1895 é também um cartão postal, de dez réis, válido para Portugal e Espanha, com a cena de Santo Antônio pregando aos peixes, tendo do lado o escudo dos Bulhões pousado sobre um livro no braço esquerdo e uma cruz no meio de lírios no direito.

Ao se celebrarem os 750 anos da morte de Santo Antônio, em 1981, Portugal emitiu dois selos: um reproduz o Santo enquanto escrevia, iluminado em luz que vem do alto; outro, o Santo abençoando o povo, com uma cruz missionária na mão. E em 1995 lançou aquele com o quadro do Vieira Lusitano.

Também lançaram selo, em homenagem ao VIII centenário de nascimento, a Croácia (selo desenhado por L. Babić, pintor contemporâneo) e o Principado do Mônaco (que reproduziu uma estátua de madeira do Museu de Lisboa). No passado, homenagearam Santo Antônio os correios da Bolívia, Colômbia, Nicarágua e Venezuela.

Eu havia posto no rodapé os lugares em que se encontram as citações que faço dos sermões do Santo. Tirei, para não tornar pesada a leitura, já que esta biografia não quer ser científica, mas popular. De caso pensado, não entrei no vasto mundo do folclore brasileiro, que envolve a figura de Santo Antônio, sobretudo como santo casamenteiro. Fiz referência a ele como padroeiro dos namorados. Não me detive no terreno da pintura, da escultura e da poética, que tem no Santo um inspirador modelo de muitas mensagens. Também não enfrentei a discussão sobre ser ele ou não o pai da escola teológica chamada *Escolástica*, que se desenvolve e alcança o ponto mais alto ainda no mesmo século de Santo Antônio. Espero mostrar o Santo Antônio descrito pela Legenda *Benignitas*: um homem "excepcional na humildade, brilhante em sabedoria, fecundo em eloquência, ardente na caridade, notável na pobreza, distinto em delicadeza, excelso em retidão, delicado no falar, manso na convivência, em uma palavra, em tudo simpático tanto a Deus quanto aos homens".

1
FAMÍLIA E INFÂNCIA

Pouco, muito pouco sabemos da família e da infância de Santo Antônio. Muitos, que escreveram sobre o Santo, preencheram o vazio com informações não buscadas em dados históricos, mas no campo da fantasia. O mesmo aconteceu com a família e a infância de Jesus e de muitos santos, inventando fatos para mostrar que nasceram predestinados.

Sabemos ao certo que Santo Antônio nasceu em Lisboa, uma cidade tão antiga, que ninguém sabe a época de sua fundação. Durante mais de quatrocentos anos esteve sob o domínio dos árabes. Em 1139 o condado do Porto se declarou reinado e começou a reconquistar dos árabes maometanos as terras de Portugal e a reimplantar o Cristianismo. A capital do novo reino era Coimbra. Em 1147 o rei Afonso I reconquistou Lisboa que, em 1255, se tornou capital. Santo Antônio vai nascer em 1195, quando os cristãos já haviam construído a catedral de Lisboa, dedicada a Nossa Senhora sob o título de Santa Maria Mãe de Deus. Menciono o fato porque nosso Santo vai nascer em uma casa em frente à entrada principal da Catedral. Não temos plena certeza do ano em que Antônio nasceu. Até pouco tempo se falava em 1195, ano que não consta em nenhum escrito, mas é deduzido de outros dados históricos de sua vida. Os exames feitos nos ossos do Santo em 1981 sugerem que ele tenha morrido não com

36 anos, como sempre se disse, mas com ao menos quatro anos a mais. Ou seja, teria nascido entre 1189 e 1191.

Se não temos certeza sobre o ano de seu nascimento, muito menos do mês e dia. Há biógrafos que, sem nenhum escrúpulo, o fazem nascer no dia 15 de agosto. Arranjaram essa data pelo fato de Santo Antônio ter sido, e isto é verdade histórica, grande devoto de Nossa Senhora da Glória, celebrada no dia 15 de agosto. São Frei Galvão foi devotíssimo da Imaculada Conceição, e ele não nasceu no dia 8 de dezembro.

Também sobre o nome do pai há discordância. O mais provável é que se chamasse Martinho. Conforme o costume do tempo, os filhos eram chamados "Fulano, filho de Martinho" que, em latim, se dizia "Martini", isto é, filho do Martinho. E, às vezes, o "Martini" virava "Martins". É certo que Santo Antônio recebeu no batismo o nome de Fernando, em homenagem a um tio cônego que tinha esse nome. Seu nome inteiro, então, seria Fernando Martini (Fernando, filho do Martinho). Em alguns livros se diz que o sobrenome de Fernando era Bulhões, herdado do pai. Que o pai tivesse "Bulhões" no sobrenome apareceu pela primeira vez em 1557. Podia até ter o apelido de "bulhão" (que significava "bagunceiro"). Não é raro o apelido do pai passar para os filhos e até virar sobrenome. Alguns parentes de Santo Antônio, de fato, usavam o sobrenome Bulhão.

Também o nome da mãe não é unânime. Uns a chamam de Thareja Taveira, outros de Teresa Taveira, e outros ainda de Maria de Távora. O nome mais provável é Teresa.

Alguns biógrafos mais antigos se esforçam por encontrar sangue nobre no futuro Santo Antônio, ainda imbuídos da ideia de que o sangue nobre é mais apropriado para um grande santo, porque o sangue plebeu estaria marcado pela pobreza, que o Antigo Testamento considerava maldição e, portanto, não poderia gerar santos. Até quiseram que o pai se chamasse Bulhões, significando parentesco com Godofredo de Bulhões (1060-1100), descendente de Carlos Magno, duque, líder da Primeira Cruzada e declarado primeiro rei da Jerusalém reconquistada aos muçulmanos. Na verdade, os pais de Santo Antônio eram gente do povo simples. Moravam em casa boa e tinham propriedades.

O casal Teresa e Martinho tiveram dois filhos e duas filhas. O primeiro se chamou Pedro Martins (no registro de morte consta Petrus Martini), que foi casado com Maria Pires e teve família numerosa e abastada. O segundo filho foi Fernando (também chamado Fernão), o futuro Santo Antônio. O terceiro foi Feliciana, mãe de um menino que se afogara e Santo Antônio o teria ressuscitado a pedido desesperado da mãe, como lemos nos *Fioretti*: "Na cidade de Lisboa, o filho da irmã de Santo Antônio, de mais ou menos cinco anos, foi divertir-se com outros rapazes no mar. Mas a barca virou e, enquanto os outros se salvaram a nado, ele se afogou, sozinho. A mãe, chegando ao lugar umas três horas depois, conseguiu, com a ajuda de pescadores, reaver o corpo do menino. O pai queria sepultá-lo logo, mas a mãe gritava: 'Deixe-o comigo ou me enterre com ele!' E, dirigindo-se ao beato Antônio, disse-lhe entre lágrimas: 'Tu és compassivo e admirável com os estrangeiros, serás, então, cruel com tua irmã? Sê favorável a minha súplica, devolve-me vivo meu filho, e agora! Prometo-te oferecê-lo a tua Ordem, para o serviço de Deus!' De imediato o menino ressurgiu incólume. A mãe cumpriu o voto feito, e o miraculado viveu santamente na Ordem". O sobrinho de Santo Antônio se chamou na Ordem Frei Aparício.

A filha mais nova do casal, Martinho e Teresa, chamava-se Maria Martini Taveira e foi freira no mosteiro de São Vicente, em Lisboa, e morreu no dia 18 de fevereiro de 1240. Em seu registro de óbito, no mosteiro, consta expressamente que era irmã de Santo Antônio.

Sabemos que se tornou numerosa a descendência do casal Martinho e Teresa. Ao longo da vida de Santo Antônio a mãe não é mencionada. O pai volta a ser lembrado em uma circunstância trágica. O livro dos *Fioretti de Santo Antônio* conta: "Vivia ainda na cidade de Lisboa a família de Santo Antônio, ou seja, o pai, a mãe e os irmãos. Acontece que dois cidadãos cultivavam uma inimizade que acabou se transformando em ódio de morte. Ora, o filho de um deles, rapaz ainda, encontrou-se com o inimigo de sua família, que morava perto dos pais do beato Antônio. Desapiedado, agarrou o rapaz, levou-o para casa e o matou. Depois, no meio da noite, entrou no jardim dos pais do Santo, cavou uma cova e lá enterrou o cadáver, e fugiu. Dado que o jovem era filho de pessoa notável, iniciaram-se as investigações sobre seu desaparecimento. Apurou-se, então, que passara pelo lugar onde habitava o inimigo. Foram investigar a casa e o jardim dele, mas nada encontraram. Uma elevação de terra no jardim dos familiares do beato Antônio chamou-lhes a atenção. Lá encontraram o corpo do rapaz, sepultado naquele jardim. Foi o suficiente para que o juiz mandasse prender o pai do Santo com todos os de sua casa. Embora estivesse em Pádua, o beato Antônio, por inspiração divina, ficou sabendo de tudo. Pela tarde, com licença de seu guardião, ausentou-se do Convento. E, enquanto caminhava noite adentro, foi, por divino prodígio, transportado à cidade de Lisboa. Entrando na cidade pela manhã, dirigiu-se ao juiz e começou a pedir-lhe que absolvesse aqueles inocentes de uma culpa que não tinham e lhes restituísse a liberdade. Mas o juiz resistiu e de modo algum quis atendê-lo. Então o beato Antônio pediu que o levassem perante o cadáver do rapaz assassinado. Uma vez diante daquele cadáver, deu-lhe ordem para se levantar e dizer se tinha sido morto por seus familiares. E realmente o rapaz se levantou da morte e afirmou que os parentes do beato Antônio nada tinham a ver com o crime. Em consequência, eles foram absolvidos e libertados da cadeia".

Chegando à idade escolar, os pais matricularam Fernando na escola, ao lado da catedral, mantida pelo bispado. Para ir à escola, bastava atravessar a rua. Nós não temos o programa de ensino da escola. Mas as boas escolas (e era só a Igreja que mantinha escolas nesse tempo) seguiam quase todas o mesmo esquema. A criança era alfabetizada por meio de grandes cartazes com passagens dos Salmos em latim. Os alunos não tinham cartilha individual. À medida que o aluno aprendia a ler, aprendia de cor os 150 salmos e aprendia a escrevê-los.

A alfabetização levava dois anos e exigia grandes exercícios de memória. O treinamento da memória era o maior e mais intenso exercício que se fazia na escola. Um dos maiores elogios que se fez a Santo Antônio adulto foi exatamente a prodigiosa memória que tinha, fruto do aprendizado na escola. Dizia-se que guardava na memória todos os livros que lia. Não esqueçamos que, naquele tempo, todos os livros eram escritos ou copiados à mão. Um livro em casa era coisa rara. Saber ler era privilégio. As bibliotecas eram tesouro de raros.

Depois vinha o estudo da gramática, que ensinava como compreender um texto, como redigir um texto, como aplicar um texto, indo nisso insistentes exercícios de lógica. Ao mesmo tempo se estudava a aritmética, o canto e se recebiam noções de geografia e arte. As escolas mantidas pelos bispados normalmente também forneciam os meninos cantores para as funções litúrgicas. Provavelmente Fernando fez parte do coral. Alguns pintores até o pintaram como coroinha, vestido com a veste talar dos que serviam ao altar, sustentando o canto.

Fernando tinha em torno de 15 anos, quando terminou a escola da catedral. Era tempo de decidir a profissão. E Fernando se decidiu pela vida monacal. O mosteiro existente em Lisboa era dos chamados Monges Regrantes de Santo Agostinho, no bairro de São Vicente de Fora.

2
MONGE AGOSTINIANO

O Mosteiro de São Vicente de Fora não era antigo. Aliás, nenhuma igreja em Lisboa, no tempo em que nasceu Santo Antônio, era antiga. Todas datavam a partir de 1147, quando os cristãos reconquistaram a cidade depois de 400 anos de domínio muçulmano. O rei Dom Afonso Henriques mandou construir o mosteiro para nele dar sepultura santa aos soldados tombados na guerra contra os mouros, e sua memória ser conservada pelas gerações futuras como se fossem mártires, isto é, tombados por causa da fé. O rei confiou o mosteiro a alguns padres, que acompanhavam as tropas.

Além de guardar a memória dos mortos, eles deviam ministrar os sacramentos, firmar a fé cristã e serem exemplo de quem pratica as obras de misericórdia. O rei teve sorte na escolha dos padres. Eram cultos, sérios e piedosos. Tendo de viver juntos, escolheram uma regra de vida comunitária. E escolheram a de Santo Agostinho. Aliás, Santo Agostinho, ainda que tenha fundado dois mosteiros para homens e um para mulheres, nunca escreveu uma regra monacal. Depois de sua morte, os monges recolheram os conselhos esparsos que Agostinho lhes tinha dado e os puseram em em certa ordem, que passou à história como sendo a Regra Monacal de Santo Agostinho. A palavra "regra" em latim se diz "cânon". Dela vem a palavra "canonicus", um observante do cânon, que, em português vai ser "cônego". Daí o nome dos padres do Mosteiro de São Vicente de Fora: Cônegos de Santo Agostinho.

Podíamos ainda lembrar como entrou o nome de São Vicente. Trata-se de São Vicente de Saragoça, mártir do início do século IV, sepultado no Cabo São Vicente, no Algarve. O rei Afonso Henriques mandou trazer as relíquias para a nova catedral de Lisboa. Em 1173 São Vicente foi proclamado padroeiro de Lisboa e o é até hoje. É este São Vicente que vai dar o nome, mais tarde, a muitas fundações portuguesas, inclusive à cidade de São Vicente no litoral paulistano. Como São Vicente era venerado na catedral, que ficava dentro dos muros da cidade, ao receber nova igreja no mosteiro, que ficava fora dos muros, passou-se a se chamar São Vicente de Fora.

Entrou, portanto, o jovem Fernando no mosteiro de São Vicente de Fora dos Cônegos de Santo Agostinho. Não sabemos em que dia, mês e ano. Também não sabemos quanto tempo ele ficou no mosteiro prestando serviços, antes de receber o hábito religioso. O mosteiro tinha, para cumprir a obrigação das obras de misericórdia, hospedaria para peregrinos, que eram numerosos em visita às relíquias de São Vicente na catedral, enfermaria para pobres, oficinas de trabalho, escola para crianças. Ao receber o hábito de monge, Fernando assumiu também o compromisso dos votos religiosos: viver pobre, viver casto, viver obediente aos superiores, o que implicava, sobretudo, o cultivo da humildade e da caridade, sem cujas virtudes, nenhum voto tem sentido.

Já naquele tempo era obrigatório um ou dois anos de noviciado, ou seja, um tempo razoável em que o candidato era orientado por um padre, chamado de Padre Mestre, um tempo em que o noviço estudava a regra (no caso de Fernando, a regra de Santo Agostinho), adaptava-se aos costumes do mosteiro, aprendia a meditar o Evangelho, ajudava nos diferentes trabalhos internos, como cozinha, lavanderia, sacristia, horta, carpintaria, cópia de manuscritos, encadernação. Entre todos os ofícios, aprendia sobretudo o ofício divino, ou seja, a rezar ou cantar as horas canônicas das Matinas, das Laudes, da Tércia, da Noa, das Vésperas e do Completório. Com isso, o dia inteiro, além dos trabalhos, ficava tomado pela oração, pela mística, pela harmonia entre as coisas da terra e as coisas do céu. São Bento resumiu muito bem os dois campos com o lema "Ora et labora": oração e trabalho.

Não sabemos a data em que o Cônego Fernando fez sua profissão monacal. Também não sabemos quantos anos ele viveu no Mosteiro de São Vicente de Fora. Devemos pressupor que Dom Fernando expressou ao prior o desejo de completar os estudos para o sacerdócio. O monge não precisa do sacerdócio para ser completo no serviço do Senhor. Mas pode optar por ser, além de monge, também padre. E foi, provavelmente, a opção de Dom Fernando. E como o Mosteiro de São Vicente de Fora não dispunha de cursos de filosofia e teologia, necessários para quem quisesse o sacerdócio, o prior deve ter procurado lugar, onde Dom Fernando pudesse continuar como monge e frequentar as aulas necessárias para o sacramento da Ordem.

Em Coimbra, então capital do reino de Portugal, havia um mosteiro chamado Mosteiro Santa Cruz. Os monges, por serem do mosteiro Santa Cruz, tinham o apelido de Crúzios. E seguiam a mesma regra de vida do Mosteiro de São Vicente de Fora, ou seja, a Regra de Santo Agostinho. O mosteiro fora fundado em 1131 por São Teotônio com outros 11 companheiros. Teotônio (1082-1162), o primeiro prior, impôs muita seriedade no trabalho, muita disciplina no estudo, muita santidade de vida ao mosteiro. E disso era modelo. Ele foi canonizado um ano depois da morte. Sua grandeza como monge e sua santidade ainda repercutiam forte no mosteiro de Santa Cruz de Coimbra, quando lá chegou, vindo de Lisboa, o jovem monge Cônego Fernando Martini, estudante de filosofia e de teologia.

Fernando viveu ao menos oito anos em Coimbra. Como trabalho, tinha suas horas de atendimento à portaria do Convento, trabalho que correspondia bem às duas qualidades cultivadas pelos cônegos de Santo Agostinho: a humildade e a caridade. A hospitalidade era norma em todos os mosteiros, em um tempo em que não havia hotéis ao longo das estradas e enfermarias nas cidades e vilas. Paralelo a esse trabalho de hospedeiro e ao tempo passado na reza das horas canônicas, Fernando se dedicou aos estudos de filosofia e teologia.

O estudo de filosofia pressupunha, em primeiro lugar, o treinamento rigoroso do que chamaríamos de dialética, ou seja, a capacidade de argumentar, de contrapor, de esmiuçar, de refutar, de inverter e de anular afirmações de adversários. Esta técnica, que Fernando aprendeu aqui, lhe será de utilidade infinita na pregação futura contra os hereges, sobretudo os cátaros do norte da Itália e sul da França, tanto que será chamado de "Martelo dos Hereges", exatamente por sua dialética.

O estudo de filosofia incluía também a zoologia, a botânica, a astronomia. Quando, mais tarde, nosso Santo vai escrever os esquemas de sermões dominicais e festivos, usará largamente desses conhecimentos, citando animais, plantas, estrelas, buscando neles belíssimos símbolos para explicar as verdades do Evangelho. Esses estudos, em nosso Santo, harmonizam-se de forma impressionante e encantadora com as Escrituras e a mística dos Padres da Igreja. Muito o ajudou também o estudo que, naquele tempo, se chamava "Etimologias" e que hoje englobaríamos na palavra "Linguística". Estudavam-se os radicais das palavras para deles tirar novos sentidos. Em uma palavra latina se buscavam sons que lembravam sons de palavras hebraicas ou gregas para explicar novos sentidos em favor da teologia. Também nesse campo, nosso Santo se tornou perito e usará e até abusará de etimologias para explicar passagens do Evangelho.

A teologia abrangia sobretudo duas áreas: o estudo da Escritura e o estudo da Escritura já feito pelos Santos padres da Igreja. Por Santos Padres entendemos os escritores entre o II e o VII séculos, que defenderam a fé cristã e a interpretação correta dos textos da Sagrada Escritura. Os primeiros ainda conheceram os apóstolos, como Santo Inácio de Antioquia. A maioria eram bispos, mas há também leigos, como Tertuliano, ou sacerdotes, como São Jerônimo. Alguns deles até receberam o título honroso de "Doutor da Igreja", como Santo Irineu de Lião, Santo Ambrósio de Milão, Santo Agostinho de Hipona, São João Crisóstomo, São Basílio de Cesareia, Santo Atanásio. O Cônego Fernando Martini tinha na biblioteca do Mosteiro de Coimbra cópia dos escritos dos Santos Padres e os terá lido todos, porque os cita inúmeras vezes nos esquemas de sermões, que escreverá no último ano de sua vida, usando, então, duas fontes, sua prodigiosa memória, treinada para reter as leituras, e os cadernos que todos os bons alunos e futuros mestres tinham com índices de citações por assunto.

O Cônego Fernando se especializou em Sagrada Escritura. Ao ouvi-lo pregando em Roma, o papa Gregório IX o chamou de "Arca do Testamento", pelas citações que fazia com tanta facilidade e aplicação dos textos bíblicos de ambos os testamentos. Hoje, talvez, o Papa não usasse a palavra "arca", mas o teria apelidado de "Biblioteca ambulante". E o papa Pio XII, ao declará-lo doutor da Igreja em 1946, chamou-o de "Doutor do Evangelho".

Findos os estudos de filosofia e teologia, o Cônego Fernando foi ordenado sacerdote. Era norma da Igreja de só ordenar homens que tivessem completado 30 anos. Mas abria-se exceção até 25 anos, quando o candidato tivesse terminado todos os estudos prescritos, sido examinado por uma banca de professores e fosse reconhecido por todos como digno de receber as ordens sacras. Não sabemos quando o Cônego Fernando foi ordenado padre. Mas certamente tinha completado 25 anos, talvez entre 1218 e 1219. Naquele tempo, todas as ordenações se faziam na catedral e em datas previstas. Não temos nenhum registro da ordenação sacerdotal do Cônego Fernando Martini. Sabe-se que o bispo de Coimbra naqueles anos se chamava Dom Pedro Soares e era benquisto pelo povo, pelo clero e pelo rei. O monge agostiniano Padre Fernando continuou seu trabalho de responsável pela hospedaria do Mosteiro de Santa Cruz de Coimbra. E foi nesta qualidade de hospedeiro que recebeu, certo dia, cinco hóspedes chegados da Itália, que iam para o Marrocos como missionários. Eram cinco franciscanos.

3
DE FERNANDO AGOSTINIANO A ANTÔNIO FRANCISCANO

Vimos que Fernando nasceu entre os anos 1189 e 1195, em Lisboa. Em Assis, na Itália, entre 1181 e 1182 nasceu João Batista Bernardone, que passou à história com o nome de Francisco, apelido dado pelo pai, que era apaixonado pela França. Os dois, portanto, são contemporâneos. Fernando teve uma infância e uma juventude mais serena e recatada que Francisco. Por volta de 1206, Francisco largou as festas profanas, largou o desejo de ser cavaleiro festejado, deixou a comodidade da casa paterna, vestiu roupas de pastor pobre e começou um movimento de retorno à vida simples e humilde ensinada pelo Evangelho. Aos companheiros que se juntaram a ele, ensinava que a regra de vida devia ser viver o Santo Evangelho em pobreza, castidade e obedecendo aos irmãos na vida fraterna.

Em 1209, Francisco já tinha 11 companheiros e foi a Roma pedir a aprovação do papa Inocêncio III. Era uma novidade este tipo de vida consagrada. Até então, só se conhecia a vida monacal, que tinha como caraterística permanecer no mesmo mosteiro a vida toda. O povo, que quisesse alguma ajuda dos monges, devia ir ao mosteiro. Francisco disse ao Papa que queria fazer o caminho contrário: ir ao encontro do povo para ajudá-lo a viver em paz com Deus e com os irmãos. Mais: disse ao Papa que queria vestir-se simples como o povo, sem a veste monacal, e viver no meio do povo, ganhando o sustento com o trabalho das próprias mãos, não importava qual fosse o trabalho, ou da esmola, quando faltasse o trabalho. E disse que queria pregar mais com o exemplo de uma vida simples e pacífica, do que com prédicas e missões. E mais ainda: não queria morada fixa. O mundo inteiro, com suas estradas e vilas, seria sua cela. O papa Inocêncio viu que estava diante daquela cena em que Jesus enviava os discípulos a sua frente para pregar gratuitamente a paz e a chegada do Reino dos céus (*Lc* 9,1-6). E aprovou o novo modo de ser consagrado no mundo.

Em 1217, os companheiros de Francisco já passavam de algumas centenas e resolveram partir para fora da Itália. Dois Frades foram mandados a Portugal. Sabe-se que um deles se chamava Frei Zacarias. Chegando à capital do reino, que era Coimbra, conseguiram licença da rainha Dona Urraca (1186-1220), esposa de Afonso II de Portugal, para pregar e permanecer na capela dedicada a Santo Antão dos Olivais, na periferia da cidade. Sabe-se que eles iam esmolar também no Mosteiro de Santa Cruz, onde morava o Cônego Fernando Martini.

Em 1219, na festa de Pentecostes, os Frades, reunidos em Assis em torno de São Francisco, resolveram mandar Frades à Alemanha, à Hungria e ao Marrocos. Escolheram seis para o Marrocos: Frei Beraldo, Frei Pedro, Frei Acúrsio, Frei Vidal, Frei Adjuto e Frei Oto. Frei Oto e Frei Adjuto eram irmãos leigos; os outros quatro eram sacerdotes. Frei Beraldo, que falava o árabe, foi nomeado guardião do grupo. Frei Vidal adoeceu na viagem e teve de voltar da Espanha para a Itália. Os outros cinco seguiram viagem, que passava por Espanha e Portugal, e chegaram a Coimbra em agosto ou setembro de 1219.

Como os Frades não dispusessem de lugar para cinco na ermida de Santo Antão, eles procuraram o Mosteiro da Santa Cruz, que tinha uma hospedaria para peregrinos pobres e viajantes. O responsável dessa hospedaria era o Cônego Fernando Martini, já doutor em Sagrada Escritura, que já conhecia os filhos de São

Francisco que lá iam esmolar, e que os admirava pela simplicidade no vestir-se, na pregação do Evangelho, na liberdade sadia e alegre com que caminhavam pelas ruas da cidade e pelo permanente espírito de oração que os envolvia.

Hospedando os cinco Frades vindos da Itália, Fernando pôde ver outro modo de viver a consagração, outro modo de viver o Evangelho, outro modo de servir o povo, outro modo de obedecer (uma obediência mais horizontal e fraterna do que vertical ao prior), outro modo de entender a ordem de Jesus: "Ide pelo mundo, pregai o Evangelho, ensinai a todos o que eu vos ensinei" (cf. *Mt* 28,19-20). E isso com a bênção e a aprovação do Papa. A vocação monacal de Fernando não entrou em crise, mas se iluminou com uma luz nova e em um momento em que havia, sim, crise no interior do Mosteiro: o prior estava sofrendo um processo canônico por má administração dos bens do mosteiro.

Não sabemos quanto tempo os cinco Frades permaneceram em Coimbra. Sabemos que de lá eles viajaram para Alenquer, onde foram protegidos pela Infanta Sancha, passaram por Sevilha, cidade então muçulmana, e chegaram ao Marrocos, na África. Depois de algumas semanas de pregação diante da mesquita, foram presos pelas autoridades maometanas e em nome de Alá foram assassinados no dia 16 de janeiro de 1220. O infante Dom Pedro, que representava os interesses de Portugal em Marrocos, e o Cônego João Roberto, ligado ao Mosteiro de Santa Cruz em Coimbra e a serviço da embaixada portuguesa, conseguiram recolher os corpos. Mandaram dissecá-los e ajeitá-los em urnas.

O Cônego João Roberto levou as urnas para Coimbra, que foram recebidas pela Rainha Urraca e conduzidas em solene procissão para a igreja do Mosteiro de Santa Cruz, onde foram tumuladas. A chegada dos mártires mexeu fundo com a alma do Cônego Fernando. A morte violenta dos cinco Frades lhe mostrou a repetição do Calvário. Viu o martírio, auge da caridade, ao alcance da mão. Sendo monge, tendo prometido viver na clausura, dificilmente seria mandado ao Marrocos ou a qualquer terra pagã. Para não ser medíocre na vida cristã, entrara no mosteiro. E, então, viu que a humildade e a caridade tinham uma dimensão bem maior do que ele imaginara, porque "ninguém tem maior amor do que aquele que dá a vida por seus amigos" (*Jo* 15,15). E quando o amigo é o próprio Deus, doar a vida por ele é a perfeição. O desejo da perfeição provocou uma crise no Cônego. A crise sempre é positiva, porque purifica e clareia.

Fernando deve ter perguntado aos Frades se não tinham projeto de mandar outros ao Marrocos e qual a chance que teria ele, Fernando, de acompanhar os novos missionários. Deve ter havido muita conversa sincera entre Fernando e seu prior, entre Fernando e os Frades, entre o guardião e o prior. A esta altura já tinham chegado outros Frades vindos da Itália, entre eles Frei João Parente, com o título de provincial, isto é, com poder de receber novos Frades. Antes de entrar na Ordem, ele fora famoso advogado e professor em Bolonha. Conhecia, portanto, bem a legislação eclesiástica. A ermida de Santo Antão começou a construir celas e a receber moços portugueses, dispostos a levar a vida ao pé da letra segundo o Evangelho.

Fernando recebeu licença de passar do mosteiro, que vivia segundo a regra agostiniana, para a ermida de Santo Antão, para viver segundo a regra franciscana. Trocou a cogula monacal e o cinto de couro pelo burel grosseiro e a corda de três nós dos Frades. Trocou de nome: assumiu um que ao mesmo tempo homenageava a vida monacal e a nova comunidade que o recebeu. Trocou o nome de Fernando por Antônio. Antônio era o nome normal de Santo Antão, que, em português, virara aumentativo Antão, para abreviar o cognome de "grande" que o acompanhava. Santo Antônio Magno, ou Antônio o Grande (251-366), era considerado o pai dos monges. Fernando deixou o título de cônego (seguidor da regra agostiniana) e assumiu o de Frater, em português, Frei, que significa irmão. Não mais uma regra e a clausura marcariam a vida de Fernando, mas a vivência em uma fraternidade, alargada a todos, principalmente aos pobres e acentuadamente aos pobres de fé cristã. Este último item tinha muita importância para Frei Antônio de Lisboa (era costume trocar o sobrenome de família pelo da cidade de origem), porque a ideia de ir missionar os sarracenos no Marrocos se tornara para ele um insistente chamado de Deus, como fora o chamado de Moisés, como fora o chamado de Elias, como fora o chamado de Pedro e André, Tiago e João.

Frei Antônio encontrou uma nova família. Um novo modo de viver e de se sustentar. Os Frades pegavam qualquer trabalho que aparecesse: arar o campo, colher trigo ou azeitonas, cortar lenha, dar banho em idosos, limpar estrebaria, construir muros. Cada um exercia preferencialmente a profissão que aprendera antes de entrar na Ordem. No fim do dia, recebiam a paga, nunca em dinheiro, sempre em alimentos: farinha, queijo, carne, legumes, vinhos.

Frei Antônio não era o único doutor na fraternidade de Olivais. Frei João Parente era doutor em direito civil e canônico. Provavelmente, Frei Antônio, ainda noviço, teria assumido a cozinha, porque mais tarde, na Itália, também cozinhou e sabe-se que cozinhou para o bispo e os padres em dia festivo de ordenação sacerdotal. No mosteiro era ele o porteiro, que atendia aos pedintes. E pedintes terá havido também em Santo Antão dos Olivais. Aliás, os pobres costumam contar aos outros pobres onde se ganha alguma coisa, e os Frades tinham por costume dar aos pobres toda a comida não consumida no dia.

Não sabemos o dia e o mês da entrada de Frei Antônio na Ordem Franciscana. Sabemos apenas que foi no verão de 1220. Poderia ter sido o mês de agosto. Até então não havia a obrigação de um ano de noviciado antes da profissão religiosa. A obrigação só entrou em vigor no dia 22 de setembro de 1220, por decreto do papa Honório III. Frei Antônio deverá ter feito sua profissão perpétua como franciscano no mesmo dia em que vestiu o hábito dos Frades Menores. Caso contrário, seria difícil compreender que já em setembro de 1220 partiu para o Marrocos, via porto de Lisboa. Evidentemente, não foi sozinho. Francisco, obedecendo ao Evangelho, sempre quis que seus Frades fossem dois a dois às missões. Não sabemos ao certo o nome do companheiro de Frei Antônio. É possível que tenha sido Frei Leão de Lisboa que as crônicas contam que foi martirizado em Marrocos exatamente no tempo em que lá deveria estar Santo Antônio. E por que Santo Antônio lá não estava?

4
O HOMEM PROPÕE E DEUS DISPÕE

Os dois Frades chegaram ao Marrocos e se hospedaram na casa de algum cristão. Mas Frei Antônio não conseguiu começar a missão. Caiu doente. De uma febre que se prolongou sem trégua. Uma febre, tipo malária, que nunca mais o deixou e lhe tirou a vida antes dos quarenta anos. Talvez a conselho de amigos ou forçado pelos agentes da saúde pública, Frei Antônio foi obrigado a embarcar em um navio em fins de março de 1221 de volta para Portugal.

Uma tempestade desviou o navio para as costas da Sicília, na Itália. Não sabemos em que ponto da Sicília ele chegou. Palermo diz que foi lá que aportou, tanto que o Convento Santa Maria de Jesus tem, aos fundos, uma capela dedicada a ele, e que teria sido o lugar de sua cela. Messina também reivindica a passagem de Frei Antônio de Lisboa. Os Frades tinham chegado havia pouco tempo à Sicília. Acolheram Frei Antônio ainda bem doente e muito debilitado pela moléstia desconhecida. A nova casa e o novo clima lhe fizeram bem: a saúde foi retornando dia após dia. Por altura da Páscoa, os Frades receberam a notícia de que Frei Francisco estava convocando a todos os Frades para uma assembleia em Assis, por ocasião de Pentecostes. Frei Antônio, já melhorzinho da saúde, resolveu acompanhá-los. Iria conhecer Francisco de Assis.

Francisco estivera fora da Itália durante dois anos, em peregrinação e missão na Terra Santa. Quem o substituiu no governo dos irmãos havia introduzido novidades: aceitara casa para estudos em Bolonha, permitira construir casas maiores para os Frades, diferentes das casas do povo pobre, pedira proteção na Santa Sé contra quem os atacava como hereges ou preguiçosos, interviera no mosteiro das clarissas para aliviar a pobreza extrema das Irmãs, o que desgostara Clara, e até fizera acréscimos suavizantes na regra de vida escrita por Francisco. A maioria dos Frades sabia que essas mudanças contrariavam o pensamento de Frei Francisco. Por isso esperavam da assembleia não só um balanço geral das missões dos Frades em tantíssimos lugares, mas também uma chamada ao retorno à extrema pobreza e à Regra primitiva.

Frei Antônio viu em Assis coisas que nunca imaginara. Passavam de três mil (outra crônica fala em cinco mil) os Frades na festa de Pentecostes de 1221, que naquele ano caiu no dia 23 de maio. Os Frades estavam todos na planície, em torno da igreja de Nossa Senhora dos Anjos. O povo havia levantado inúmeras cabanas, cobertas de palha. Por isso essa assembleia, que Frei Francisco chamou de "Capítulo", passou à história com o nome de Capítulo das Esteiras ou das Cabanas de Palha. Os Frades dormiam no chão. Frei Antônio, que ainda não completara um ano de frade, deve ter ficado embasbacado com o que via, ouvia e vivia. Um livro, escrito em torno de 1330, chamado *Fioretti* (Florezinhas), conta esse minipentecostes em Assis, em torno de Frei Francisco. Vejamos um trecho:

"Era tanta a fama de santidade dos irmãos, que da corte do Papa, então em Perusa, e das outras terras do vale de Espoleto vinham vê-los muitos condes, barões e cavaleiros e outros gentis-homens e muitos populares e cardeais e bispos e abades com outros clérigos, para ver aquela santa e grande e humilde reunião, coisa que nunca mais se viu na terra, de tantos santos homens juntos. E, principalmente, vinham para ver o chefe e pai santíssimo de toda aquela gente, o qual roubara ao mundo tão bela presa e reunira tão belo e devoto rebanho para seguir as pegadas do venerável pastor Jesus Cristo. Estando, pois, reunido o Capítulo geral, o santo pai de todos e ministro geral São Francisco, com fervor de espírito, anuncia a palavra de Deus, e prega em alta voz o que o Espírito Santo lhe manda dizer; e por tema do sermão propôs estas palavras: "Filhos meus, grandes coisas prometemos a Deus, mas muito maiores Deus nos promete. Observemos o que prometemos e esperemos com certeza as que nos foram prometidas. Breve é o deleite mundano, mas perpétuo pode ser seu castigo; pequeno é o sofrimento desta vida, mas infinita é a glória na vida eterna". E sobre estas palavras, pregando devotissimamente, confortava e induzia os Frades à obediência da santa mãe Igreja, à caridade fraterna e a rogarem a Deus por todo o povo e a terem paciência na adversidade do mundo e temperança na prosperidade, pureza e a castidade angélica, a estarem em paz e concórdia com Deus e com os homens, e com a própria consciência, e ao amor e à observância da santíssima pobreza. E então lhes disse: "Ordeno-vos pela santa obediência, a todos vós reunidos aqui, que nenhum de vós se preocupe com o que tenha de comer ou beber, ou com as coisas necessárias ao corpo, mas aplicai-vos somente a orar e a louvar a Deus, e toda a solicitude do corpo deixai a ele, porque ele terá especial cuidado convosco". E todos eles receberam este mandamento com o coração alegre e com a face risonha" (*Fioretti*, 18).

Foi na abertura desse Capítulo que Francisco comunicou aos Frades ter escolhido Frei Elias de Cortona para substituir a Frei Pedro Cattani, falecido em março, para vigário geral da Ordem, ou seja, para ajudá-lo a cuidar dos Frades. O Capítulo aprovou a escolha, e Frei Elias passou a dirigir os trabalhos da assembleia. Frei Elias não era padre. Antes de entrar na Ordem fora conhecido advogado e homem público.

Foi nesse Capítulo que Francisco apresentou uma nova redação da regra de vida para todos. A primeira, curtíssima, fora redigida em 1209 para apresentá-la ao papa Inocêncio III. A nova repete a primeira, com algumas mudanças para acentuar que o Frade deve viver, à imitação de Cristo, simples, humilde, pobre, obediente no meio do povo. Frei Cesário de Espira, versado em Sagrada Escritura e poeta, adornara o texto com muitas citações bíblicas. Nada menos de oito citações do Antigo Testamento e cento e dezoito do Novo. O Capítulo aprovou a nova Regra, que excluía os acréscimos feitos pelo substituto de Francisco durante sua ausência na Terra Santa. A nova Regra terminava assim: "Beijando os pés de todos, suplico que amem, protejam e guardem esta Regra de vida. Da parte do Deus todo-poderoso e do Senhor Papa e sob obediência, eu, Frei Francisco, preceituo firmemente e ordeno que ninguém diminua nada do que está escrito nesta Regra de vida nem lhe acrescente alguma coisa, e que os irmãos não tenham outra Regra".

Esta regra passou à história com o nome de "Regra não bulada", porque a Santa Sé não a aprovou exatamente pelo exagero de citações bíblicas, que os juristas diziam que podiam ser aplicadas também a outros contextos. Em 1223 Frei Francisco teve de elaborar uma nova Regra, sem enfeites bíblicos e sem frases que soassem a bom conselho e não a uma norma obrigatória. É a regra definitiva, a mesma em vigor até os dias de hoje, que o papa Honório III aprovou no dia 29 de novembro de 1223.

No Capítulo foram nomeados os novos responsáveis pelos Frades em cada país. O número de Frades tinha crescido tanto que era necessário decentralizar as decisões menores. O provincial, a quem Francisco fez questão de chamar de "ministro" e não de "superior", deveria escolher os novos guardiães, isto é, um Frade que velasse por todos na Fraternidade. Nenhum devia chamar-se superior, porque se há um superior, há também um inferior; e Francisco queria todos os Frades iguais, sem distinção entre padre e leigo, entre letrado e analfabeto. Francisco queria seus Frades obedientes não só ao guardião, mas também aos Confrades. Ou seja, não uma obediência vertical, mas horizontal. Francisco criou um novo conceito de obediência.

Bem que a gente gostaria de saber a impressão de Frei Antônio de Lisboa, recém-chegado à nova Ordem e atraído justamente pela simplicidade, pobreza verdadeira e obediência fraterna que vira nos Frades em Coimbra. E bem que a gente gostaria de ter uma descrição do encontro entre Frei Francisco e Frei Antônio. Não temos. Poderíamos nos perguntar que língua os dois poderiam ter usado. É certo de que o amor fraterno nunca é analfabeto. Nem o amor filial.

Nem o amor paterno. Frei Antônio falava o português, uma língua derivada do latim clássico. Frei Francisco falava o toscano, uma língua derivada do latim popular. Ainda não existia a língua italiana. Frei Antônio fizera todos os estudos teológicos em latim. Falava e escrevia corretamente a língua latina. Frei Francisco não tivera muita escola. Naquele tempo, todos os sermões e toda a liturgia eram feitos em Latim. Frei Francisco costumava pregar não em Latim, mas na língua do povo, e isso era uma grande novidade. A língua do povo conservava muito ainda do latim. Por isso Frei Antônio não terá tido dificuldade em se fazer entender na Itália.

Um cronista do tempo, que participou do Capítulo, Frei Jordão de Jano, conta que os Frades comentavam muito o martírio dos cinco missionários no Marrocos e sentiam orgulho deles. Diz o cronista que Francisco sentiu bastante alegria, mas, diante do entusiasmo exagerado dos Frades, teria-os repreendido dizendo: "Cada um glorie-se de seu próprio martírio e não daquele dos outros". Na verdade, ali estavam ao menos dois mártires frustrados: um era Frei Antônio, que entrara na Ordem para ser mártir; outro era o próprio Frei Francisco, que se expusera ao martírio já duas vezes, em Damieta, na África, em 1219, e na Palestina, em 1220. Não eram só dois. Já no final do Capítulo, o vigário geral, Frei Elias, lembrou que os Frades que haviam ido missionar na Alemanha em 1219 tinham sido muito maltratados e expulsos da região. Era preciso refazer a missão. E pediu que os voluntários se reunissem à parte, em determinado lugar. Apresentaram-se 90, e observa o cronista, que era um deles: "Prontos para morrer mártires".

Terminado o capítulo, os Frades foram partindo cada um para sua região, cada um com sua missão, todos com a bênção do seráfico pai. Frei Antônio de Lisboa, naquele momento, não pertencia a nenhuma fraternidade. É possível que não viera ninguém do longínquo Portugal. E mesmo que tivesse vindo alguém, Frei Antônio não teria condições físicas para uma longa viagem. Embora alto e corpulento de estatura, sua saúde lhe aconselhava mais um eremitério do que uma missão pelas estradas. Frei Graciano, guardião do pequeno convento de Montepáolo, na Emília-Romanha, convidou-o a ir com ele. Era o dia 8 de junho de 1221.

5
DO EREMITÉRIO PARA O MUNDO

O conventinho de Montepáolo era um eremitério na encosta de uma colina dos Apeninos. Os Franciscanos sempre tiveram eremitérios. São Francisco os procurava com frequência. Aconselhava seus Frades a se recolherem volta e meia para neles refazer as forças físicas e as forças espirituais. A palavra 'eremitério' vem de 'éremo', que significa lugar isolado. Da mesma palavra nasce esta outra, eremita, aquele que vive permanentemente em um lugar isolado. Francisco chegou a escrever uma Regra de vida para os Frades que quisessem passar um tempo nalgum eremitério. Nunca um frade sozinho. No mínimo três e no máximo quatro. Dois deveriam assumir os trabalhos da casa, como a cozinha e a limpeza. A estes Francisco chamou de 'mães'. Os outros dois, que Francisco chamou de 'filhos', podiam permanecer em contemplação, isolados a maior parte do tempo, porém reunindo-se os quatro para a oração do Ofício Divino em comum. Mães e filhos deviam se revezar. Depois de algumas semanas ou de alguns meses, voltavam à pregação no meio do povo, pelas estradas do mundo.

Frei Antônio de Lisboa foi parar num eremitério. Longe do barulho e das preocupações. Mas também longe de seu grande desejo de morrer mártir entre pagãos ferozes. Tudo indicava que seus planos não batiam com os planos de Deus. Talvez este fosse o assunto principal de sua oração: compreender os planos de

Deus. Antônio era inteligente, mas a compreensão dos caminhos de Deus não passa pela inteligência, passa pelo coração e pela vontade. Ora fazendo o papel de mãe na cozinha, na arrumação da casa, no enchimento das bilhas com a água tirada do poço, ora fazendo o papel de filho, isolado na cela ou adentrado nalguma gruta da redondeza, Frei Antônio foi mergulhando nos difíceis mistérios de Deus.

Montepáolo distava uns sete quilômetros da cidade de Forli. Provavelmente nas têmporas do outono de 1221, talvez 24 de setembro, houve ordenações sacerdotais na cidade. Por que provavelmente? Quase todas as ordenações eram feitas no sábado de uma das têmporas (eram três dias de penitência na passagem das quatro estações do ano: primavera, verão, outono e inverno). Diz a crônica que todos os Frades da redondeza, franciscanos e dominicanos, foram à celebração. Como naquele tempo a Missa só podia ser de manhã e em jejum, havia o costume de, terminada a cerimônia, se oferecer um lanche reforçado. A mesa completava o altar. O bispo que havia presidido ao altar, presidia também à mesa. E havia o costume de, nessa hora, um convidado, quase sempre orador famoso, fazer o panegírico do sacerdócio. E aconteceu que o orador não compareceu. Alguém tinha de improvisar. Ninguém quis improvisar. Nenhum dominicano, que tinha a pregação como carisma e obrigação, quis arriscar. Nenhum franciscano, que tinha o carisma da pregação popular, quis falar para o clero.

Frei Graciano usou então de sua autoridade de guardião e mandou Frei Antônio de Lisboa tomar a palavra. E Frei Antônio obedeceu. Começou com muita simplicidade e humildade a discorrer sobre a teologia do sacerdócio, argumentando com citações de ambos os Testamentos, textos dos santos Padres da Igreja, que lhe vinham espontaneamente aos lábios como se houvesse preparado o sermão. Bispo, dominicanos e franciscanos e clero secular estavam diante de um dos maiores oradores sacros da história. Uma das crônicas chega a dizer que a língua de Frei Antônio era a língua do Espírito Santo, e conclui: "Sua boca, há tanto tempo fechada, abre-se alegre para anunciar a glória de Deus". Nunca mais o sol de Frei Antônio se embaciou nem teve poente.

Sabe-se que, em setembro de 1221, na festa de São Miguel, ou seja, no dia 29, a província franciscana da Emília-Romanha celebrou capítulo: a reunião de todos os seus Frades e a redistribuição do Frades e dos trabalhos. Há até uma crônica do tempo que diz que os Frades, depois das ordenações de Forli, continuaram viagem para se encontrarem no Capítulo. Frei Antônio de Lisboa foi transferido de Montepáolo e designado pregador de missões populares no norte da Itália.

Que ambiente encontrou Frei Antônio no norte da Itália? Primeiro vejamos o ambiente social. Prevalecia o feudalismo, ou seja, determinados senhores juntavam grandes propriedades de terras. O povo morava nestas terras e trabalhava para si e para o dono. Em compensação, o dono garantia a defesa da população contra invasões, pilhagens, roubos e subversão da ordem. Para isso se criou uma classe especial, chamada 'cavaleiros', treinados para a defesa. Os donos e os cavaleiros eram chamados de 'maiores'. Em contrapartida, o povão era chamado de 'menores' e também se dividia em duas categorias: os que tinham uma profissão (como alfaiate, ferreiro, ourives, seleiro, sapateiro, boticário, hospedeiro, tecelão, comerciante); eram autônomos, mas pagavam pesados tributos aos donos do feudo, par sustentar os cavaleiros. Chamavam-se 'vilões', porque normalmente moravam na vila. A outra categoria, considerada a mais baixa de todas, era a dos servos; estes trabalhavam no campo ou nos castelos dos senhores, não podiam se mudar para outras terras, eram propriedade dos nobres, nada podiam possuir, e eram convocados como soldados rasos, quando necessário.

São Francisco quis que todos os seus Frades se considerassem 'menores', ou seja, servos de todos e justificava com o Cristo do lava-pés. Ele, Francisco, nascera em uma família de vilões: seu pai era comerciante de tecidos finos. Quando jovem, sonhou em comprar com o dinheiro do comércio do pai o título de cavaleiro. Mas sabia que o dinheiro era insuficiente. Devia dar provas de heroicidade. Por isso mesmo, por duas vezes, alistou-se como soldado nas tropas dos cavaleiros que se preparavam para a guerra. Desistiu desse sonho à medida que foi compreendendo que os caminhos da verdadeira paz não passam pela classe social que comanda ou guerreia ou comercia, mas sim pela conversão do coração. E a conversão do coração só é possível no serviço humilde, não escravo, mas livre e gratuito. Jesus na última ceia lavando os pés e Pedro deixando-se lavar para ser amigo de Jesus tornaram-se os modelos de vida.

Isso encantara Frei Antônio em Coimbra. Isso ele ouvira dos lábios de Frei Francisco no Capítulo de Assis, quando aprovou o texto da segunda regra, que dizia assim: "Aquele que quiser ser o maior entre os irmãos, faça-se o ministro deles e servo deles, e quem for o maior entre os irmãos faça-se o menor (*Regra não bulada*, 5,12). Isso vai se tornar prática de Frei Antônio na Itália. Servindo como o menor de todos, Antônio tornou-se o santo de todas as classes sociais, o santo do mundo inteiro.

Vejamos o ambiente religioso. Todos eram batizados. Mas havia algumas heresias tanto entre os maiores quanto entre os menores. É bom lembrar que a palavra 'heresia' vem do verbo grego 'hérein', que significa 'escolher'. É herege quem escolhe entre as verdades de fé algumas e rejeita outras. Nos tempos de Frei Antônio e Frei Francisco havia muitos hereges, inclusive entre os sacerdotes e os bispos. Bastante difundida era a heresia dos valdenses. O nome vem do rico comerciante francês chamado Pedro Valdo (1140-1206), que se desfez de todos os bens, pregava a extrema pobreza e havia conseguido reunir muitos leigos, que se vestiam de monges e pregavam por toda a parte. Chegaram a ser abençoados por alguns bispos, mas foram condenados pelo Concílio do Latrão IV (1215), porque entre seus ensinamentos diziam que o sacerdócio era inútil, todos tinham o direito de consagrar, o Papa e os bispos teriam usurpado esse direito dos leigos, só as pessoas sem pecado podiam consagrar e distribuir a Eucaristia, era inválida a Eucaristia consagrada por quem estivesse em pecado, a presença eucarística é apenas simbólica, o culto às imagens é idolatria. Heresias que até hoje circulam no meio de pentecostais.

Outra heresia era a dos cátaros. A palavra cátaro é grega e significa 'puro'. O grupo nasceu na Bulgária e se espalhou por todo o Norte da Itália e Sul da França. Na França tinham o nome de 'albigenses', porque eram mais numerosos na cidade de Albi. Noutros lugares se chamavam 'patarenos', palavra que significa 'esfarrapados'. Diziam que toda a matéria foi criada pelo demônio, Deus criara só as coisas espirituais, por isso todo o mundo é mau em si mesmo. Se toda a matéria é má, Cristo não podia ter assumido corpo material, ele era, portanto, um anjo. Se toda matéria é má, Cristo não pode estar presente no pão consagrado, por isso a Eucaristia é simbólica apenas. Para eles não existia o inferno: as pessoas se purificariam através de sucessivas reencarnações. Cristo não fundou nenhuma igreja e muito menos o sacerdócio. O mal se propaga no mundo pelo ato procriativo, por isso todo ato conjugal é pecaminoso e não deve ser posto. Estes foram os maiores adversários do pregador Frei Antônio, contra os quais teve de usar todo o seu conhecimento bíblico e o usou de tal modo que foi chamado já em vida de 'Martelo dos hereges'.

Ainda um terceiro grupo, chamado Humilhados. Só em Milão, em 1216, havia 150 comunidades deles. Eles não eram aferrados a doutrinas teológicas, mas ao comportamento dos eclesiásticos, portanto se batiam mais pela ética do que pela teologia. O papa Inocêncio III, em 1201, chegou a aprová-los como ordem religiosa, depois que eles aceitaram corrigir algumas posições heréticas.

Frei Francisco tomou extremo cuidado para que em seu movimento não se infiltrassem estas e outras heresias. Exigiu que cada Ministro provincial, antes de receber um candidato, examinasse-o pessoalmente se era de fato católico. Foi a única exigência imposta a quem quisesse entrar na Ordem. Está na Regra definitiva: "Aqueles que quiserem seguir esta vida e vão ter com os nossos irmãos, mandem-nos estes a seus Ministros provinciais, aos quais somente e não a outrem, conceda-se licença de receber irmãos. Os Ministros, porém, examinem-os diligentemente sobre a fé católica e os sacramentos da Igreja" (*Regra*, 2,1).

Se Frei Antônio de Lisboa recebeu a obediência de pregador itinerante no capítulo de sua Província celebrado em fins de setembro de 1221, e se ele morreu no dia 13 de junho de 1231, percebemos que ele teve menos de dez anos para criar a imensa fama de um dos maiores pregadores e santos de todos os tempos.

6
MISSIONÁRIO POPULAR

Durante os anos 1222 e 1223 Frei Antônio percorreu todo o Norte da Itália. Não sozinho, porque Frei Francisco não queria um Frade sozinho em missão. Jesus mandara os discípulos dois a dois e Francisco também os queria dois a dois. Seu companheiro de missão se chamava Frei Lucas Belludi, mais tarde beatificado pela Igreja. Já mais no fim da vida, não bastava um companheiro, era uma dezena de Frades que acompanhava Frei Antônio para poder atender as confissões. Diz uma crônica do tempo: "Mandado a pregar, Frei Antônio tratou de cumprir com presteza o encargo confiado. Percorria grandes cidades, castelos, aldeias, pregando com zelo inflamado a Palavra da Vida. Embora ensinado pelo céu, adaptava-se à capacidade dos ouvintes, a todos proporcionando o ensinamento mais conveniente. As pessoas cultas admiravam-lhe a agudeza da inteligência, aliada à clareza e eloquência da exposição e ouviam-no sempre falar com apreço. Não se limitava a usar, nos sermões simples, os argumentos relativos à formação moral, mas refutava também, com argumentos sólidos as posições erradas dos hereges".

A história não guardou o nome de todas as cidades e vilas onde ele pregou. Certamente pregou em Milão, a maior delas, em Bolonha, a mais famosa. Mas guardou a cidade de Rimini, na costa da Mar Adriático, na foz do rio Arimino, que deu o nome à cidade. Nenhum historiador jura a veracidade do episódio. É como a história do lobo de Gubbio na vida de São Francisco. Vale pelo simbolismo não pela história. Sigamos a narrativa, anterior a 1360:

"Santo Antônio pregava em Rimini, onde vivia grande multidão de hereges. Estimulado pelo desejo de reconduzi-los à luz da verdade, disputava contra seus erros. Mas eles, obstinados em seus descaminhos, não somente não cediam a seus argumentos, mas até desdenhavam permanecer a ouvi-lo.

Foi então que Santo Antônio, inspirado por Deus, aproximou-se do lugar onde o rio desemboca no mar. De pé sobre a praia, entre o rio e o mar, em nome do Senhor, começou a chamar os peixes, convidando-os à pregação, dizendo: 'Escutai a Palavra do Senhor, peixes do mar e do rio, uma vez que os hereges e infiéis não querem escutá-la'. De repente, massa enorme e agitada de peixes pequenos e grandes, tão densa que jamais fora vista naqueles lados em tão grande quantidade, acorreu na direção de Santo Antônio. E todos mantinham as cabeças um tanto fora da superfície da água.

Teríeis visto lá os peixes grandes ao lado dos pequenos e os pequeninos esquivarem-se ou permanecerem pacificamente entre as barbatanas dos grandes. Teríeis visto ainda diversas espécies de peixes, e cada um procurar reunir-se com seus semelhantes, formando assim diante do Santo um como que jardim admiravelmente embelezado de variedades de cores e figuras. Teríeis visto também filas imensas de peixes grandes, dispostos como um exército em ordem de batalha, ocupar os lugares mais propícios para escutar o sermão. Teríeis visto igualmente peixes do tamanho médio colocarem-se em lugares menos profundos e colocarem-se um ao lado do outro, sem o mínimo sinal de agressividade, como que guiados por Deus. Teríeis visto lá incontável quantidade de peixes menorzinhos, avançando a modo de peregrinos que tomam a frente para conquistar a indulgência e aconchegar-se ao padre santo como que buscando um defensor. E foi assim que, nesta pregação organizada pelos céus, os peixes pequenos se reuniram na primeira fila, os medianos na segunda; por fim, onde a água era mais profunda, estavam os maiores. E todos se mostravam atentos para ouvir o que estava para dizer--lhes Santo Antônio.

Quando o auditório acabou de se dispor na ordem referida, Santo Antônio começou a pregar solenemente dizendo: 'Irmãos meus peixes, vocês devem sentir-se muito obrigados a render graças, do modo de vocês, ao Criador que destinou para vocês como habitação um elemento tão nobre, de modo que vocês podem dispor de águas salgadas e doces, como lhes for mais conveniente. Ademais, ele estabeleceu para vocês múltiplas formas de refúgio para evitar as ciladas das tempestades. Ofereceu-lhes ainda um elemento transparente e límpido para que possam ver claramente os lugares para passar bem com os alimentos que precisam. O próprio Criador administra para vocês a nutrição indispensável para a vida. Na criação do mundo vocês receberam de Deus como bênção a ordem de multiplicar-se. E, durante o dilúvio, enquanto todos os outros animais, fora os que tinham sido recolhidos na arca, pereciam, somente vocês foram preservados do extermínio. Munidos de barbatanas e dotados de robustez, vocês podem nadar à vontade, para onde quiserem. A um de vocês é que foi dado engolir o profeta Jonas e devolvê-lo depois ileso à terra. Foram vocês que forneceram aquela moeda ao Senhor Jesus Cristo, quando pobre como era, não dispunha de dinheiro para pagar o imposto. E foram vocês ainda, antes e depois da ressurreição, o alimento do eterno Rei. Em vista destes dons, cabe a vocês, e como, louvar e bendizer o Senhor, de quem receberam tão singulares benefícios, em preferência aos outros animais'.

A estas e semelhantes palavras de exortação, alguns peixes emitiram vozes, outros abriram a boca e todos inclinavam a cabeça, louvando o Altíssimo com os sinais que podiam. A estas expressões de reverência, Santo Antônio exultou em espírito e com altíssima voz exclamou: 'Bendito o Deus eterno, porque o louvam os peixes aquáticos mais que os homens hereges e sabem escutar a palavra divina, estas criaturas privadas de razão, melhor do que os homens privados de fé'. E quanto mais Santo Antônio prosseguia em seu discurso, tanto mais crescia a multidão dos peixes, e nenhum se afastava do lugar que havia escolhido.

A tal milagre o povo da cidade começou a chegar. Vieram igualmente os hereges que, contemplando tão extraordinário prodígio e tão digno de admiração, sinceramente arrependidos se apinharam aos pés de Santo Antônio para escutar-lhe a pregação. Santo Antônio, então, abrindo a boca, pregou tão estupendamente sobre a fé católica, que converteu a todos os hereges que moravam lá. Fortaleceu-os na fé e os despediu alegremente, abençoando-os. Também os peixes foram despedidos por Santo Antônio. Todos, muito felizes, cada qual tomando sua direção no mar, fazendo mil brincadeiras e aplaudindo o Santo com a cabeça. E o Santo permaneceu por lá por muitos dias, convertendo hereges e colhendo muitos frutos".

Jesus costumava contar parábolas para fazer o povo compreender seus ensinamentos. A parábola é uma história inventada da qual se tiram lições. Frei Antônio podia ter contado a história dos peixes como parábola, porque com ela ensinou algumas verdades, presentes em quase todos os seus sermões: Todos são chamados a escutar a Palavra de Deus, grandes e pequenos, pobres e ricos, poderosos e fracos. Deus é criador de todos e ama a todos sem distinguir grandes e pequenos. Os grandes devem respeitar os pequenos e os pequenos podem conviver felizes no meio dos grandes. Os pequenos não cobicem o lugar dos grandes. Os grandes deem lugar aos pequenos e não lhe tomem o espaço. Grandes e pequenos agradeçam a Deus não pelo que tem, mas pelo que são.

Parece claro o tema da fraternidade, tema preferido de todos os pregadores franciscanos. Com o tema da fraternidade vem o tema do respeito mútuo, que gera convivência pacífica. Parece também claro o tema da ganância (os grandes explorando os pequenos), outro tema sempre presente nos sermões de Frei Antônio. Porque a raiz de todos os males é a ganância, já lembrara São Paulo (*1Tm* 6,10). Antônio vai dizer que a ganância devasta todas as virtudes. A ganância leva sempre na garupa a avareza. A avareza é quase sempre a responsável pela violência. Quem está agarrado a bem terreno, vai defendê-lo pela força, que se expressa pela violência. Violência e fraternidade jamais morarão na mesma casa.

Falando da cobiça, uma vez Frei Antônio usou uma historinha em um sermão: Conta-se – disse ele – que um lobo olhava a lua em um lago e pensou que fosse um queijo. A raposa o aconselhou a ir pegá-lo. O lobo desceu e ficou triste, porque nada encontrou. Uns lavradores o viram e o mataram a pedradas. Assim acontece conosco: vemos no poço da vaidade humana a lua a caminhar em sua claridade; vem a raposa, figura da concupiscência, e nos convence de que o bem transitório e mutável é verdadeiro e duradouro. Enganados, descemos para o poço da cobiça, onde somos assaltados e apedrejados por ladrões, isto é, pelos cinco sentidos do corpo.

Mais vezes Frei Antônio falou do poço da cobiça. Disse uma vez: "A cobiça é um poço que não tem fundo. Quem beber de sua água terá sempre mais sede". Frei Antônio combateu com todas as forças e todos os argumentos a ganância, também chamada cobiça, que tem outras duas irmãs, avareza e usura, não por pertencer a uma Ordem que fazia voto de pobreza, mas porque elas matam a fraternidade ensinada e exigida pelo Evangelho e corroem as duas virtudes, a humildade e a caridade, que são o eixo do Reino de Deus, sem as quais ninguém chega à santidade.

Em linguagem bem popular, um dia, Frei Antônio pintou assim o destino do cobiçoso: "Pergunto ao avarento: ao nasceres não tinhas sacola com dinheiro, nasceste nu; na morte, terás um lençol para cobrir-te; de onde te vêm todos os bens? Não vêm da rapina e da usura? Lembra-te do que disse Habacuque (2,6): 'Ai de quem acumula o que não é seu!'. Tu te comportas exatamente como o escaravelho: ele reúne muito esterco e, com grande esforço, constrói uma bola redonda para nela morar. Passa um jumento, pisa na bola com o escaravelho dentro e destrói tanto o escaravelho quanto o que com tanto trabalho construíra. Assim acontece com o ganancioso. Então sua alma é entregue aos demônios, sua carne aos vermes e seu dinheiro aos parentes".

Tem razão o cronista, que mais vezes ouviu os sermões de Frei Antônio: "Sua linguagem, engastada em beleza e com sal condimentada, comunicava muita graça aos ouvintes. Os mais velhos se admiravam que um jovem frade falasse com tanta sutileza sobre as coisas do espírito. Os mais jovens o olhavam com espanto, ouvindo-o falar com tanta eloquência das virtudes".

7
TODAS AS VIRTUDES NASCEM DA HUMILDADE

Na Regra que Frei Francisco apresentou e leu no Capítulo de Assis, em 1221, e que os Frades aprovaram, entre eles Frei Antônio de Lisboa, ao falar dos pregadores, o santo fundador pedia: "Todos os meus irmãos que pregam, sejam clérigos sejam leigos, tratem de se humilhar em tudo". Francisco sabia que sem humildade, as palavras do pregador não serão evangélicas, de Jesus Cristo, mas autoelogios e explosões de vaidades de quem as profere. Sabia que a própria pobreza, que todos os Frades prometiam viver, perdia o sentido, se não viesse acompanhada da humildade. Sabia também que a castidade só vive se enraizada na humildade.

Frei Antônio aprendera no mosteiro que a humildade é miolo do Evangelho. Depois se encantou com a extrema humildade dos Frades. Decididamente escolheu a humildade como o alimento predileto de santificação. Devendo, agora, mostrar ao povo um caminho seguro de santidade, fez da humildade o tema preferido de seus sermões. Para ele a humildade é a mãe de todas as virtudes e sem a humildade nenhuma virtude sobrevive. Em um de seus sermões diz claramente: "Nenhum religioso produzirá fruto, se não tem em si a raiz da humildade". Em outro sermão diz: "A humildade deve formar-se no coração antes das demais virtudes, porque ela é a fôrma que dá forma às coisas. De fato, nela toma princípio o movimento de toda boa obra". No mesmo sermão cita uma frase de São Bernardo: "Quanto mais profundamente lançares o alicerce da humildade, mais alto poderá subir o edifício". Noutro sermão fez a mesma afirmação em outras palavras: "A raiz da humildade quanto mais se aprofunda no coração tanto mais se alteia em obras". E em outro sermão é radical: "Salva-se quem tem a humildade. Quem não a tem, crê em vão, em vão trabalha".

Frei Antônio pregou sobre todas as virtudes e todos os vícios. Mas sempre considerou a humildade como a nascente das virtudes, e os vícios como ausência ou fraqueza da humildade. Pregou forte sobre as verdades da fé, mas sempre condicionou a sinceridade da fé à humildade do coração. A Eucaristia é o máximo sacramento. Mas é o sacramento de humildade, porque o Senhor esconde sua divindade, esconde sua humanidade, esconde até mesmo sua dignidade: deixa-se ficar em um fiapo de pão, comido por dignos e indignos.

O que é a humildade para Santo Antônio? Lembra ele que a palavra humildade vem de húmus, que significa terra. Portanto o humilde se reconheça criatura e não queira comportar-se como criador. Como criatura deve saber que alguém o criou. Como criatura deve agradecimento a seu criador. Santo Antônio, em um de seus sermões, enumera dez degraus de reflexão para a criatura se sentir e se alegrar e produzir em seu devido lugar. Vamos tentar dizê-los em palavras nossas:

O primeiro pensamento nasce do fato de sermos matéria. A parte espiritual (a alma) não é nossa. E a matéria já nasce marcada pelo pecado original, ou seja, já nasce inclinada para o mal. O segundo pensamento é a pequenez de nosso começo no útero de nossa mãe. Éramos um nada. E passamos a ser quase por acaso. Quem evitou o acaso não fomos nós, mas nosso Criador. O terceiro pensamento é o modo como nascemos: necessitados de espaço, necessitados de luz, necessitados de ar, necessitados de assistência, na verdade, necessitados de tudo. Nascemos sem saber que nascemos e por que nascemos e nascemos nus em um mundo desconhecido e até incapazes de nos perguntar: quem sou eu?

O quarto pensamento é que, mal nascidos, começamos a chorar lágrimas que nos acompanharão vida afora. Queiramos ou não, viveremos cercados de perigos, de insegurança, de cansaços e, pior que tudo, já marcados para a inevitável morte corporal. O quinto pensamento é o fato de que eu, apesar de ser livre para praticar o bem, muitas vezes pratico o mal, até mesmo sem querer. A liberdade, grande dom divino, muitas vezes se torna tormento, como a chuva e o vento, necessários, podem se tornar tempestade destruidora.

O sexto pensamento nos vem da morte: ela nos rodeia todos os dias, todos os momentos. Ela tem poder sobre nós. Ainda que lutemos contra ela e, muitas vezes, sejamos vitoriosos, mais dia menos dia ela nos levará ao cemitério e entregará de mão beijada nosso corpo aos vermes. Santo Antônio cita nesse momento o Eclesiástico (41,1): "Ó morte, quão amarga é tua lembrança para quem vive em paz entre seus bens, para o homem sem preocupações e bem-sucedido em tudo e que ainda tem forças para gozar do prazer!" Com muita ironia o pregador zomba da fortuna deixada aos parentes, citando a fábula da raposa que se apoderou da pele do burro morto.

O sétimo pensamento para nos levar à humildade é "recordar de que modo o Filho de Deus inclinou a cabeça da divindade no ventre da Virgem pobrezinha; de que modo aquele que enche o céu e a terra e que o céu e a terra não podem abarcar, abreviou-se no tálamo duma donzela, em que habitou nove meses; de que modo, envolvido em panos, reclinado em manjedoura de animal, levado da face de Herodes para o Egito, Senhor de todo o mundo fugido do mundo; não pôde encontrar lugar em todo o mundo onde reclinar a cabeça, a não ser sobre o seio do Pai. De fato, depois de inclinada a cabeça, entregou o espírito de suas mãos".

O oitavo degrau para se chegar à humildade seria refletir sobre "quanta misericórdia e benignidade Jesus manifestou para com os pecadores, que atraía a si pela doçura de sua pregação e comia com eles para chamá-los à penitência; de quanta compaixão foi, ao chorar amargamente sobre a cidade, em que havia de ser crucificado, e sobre Lázaro, que havia de ressuscitar; de quanta mansidão foi, quando quis falar sozinho com a samaritana e permitiu ser tocado pela pecadora Madalena".

O nono pensamento é refletir sobre o modo com que "foi ferido com açoites e bofetadas, escarrado, coroado de espinhos, saciado com fel e vinagre, e crucificado entre ladrões como se fosse um deles". O décimo pensamento será sobre o juízo final, quando, no dizer do profeta Daniel "os que dormem no pó da terra acordarão uns para a vida eterna e outros para a condenação" (12,2); de que modo me apresentarei diante do Senhor; de que modo o Senhor virá a mim. Santo Antônio conclui: "A alma do penitente tem de subir e descer estes dez degraus, porque quanto mais descer, mais subirá". O pregador deseja que seu ouvinte seja, nesse momento do juízo, como uma árvore de raízes profundamente fincadas na humildade, por isso árvore esbelta e carregada de frutos bons, agradáveis ao Pai e garantia de salvação para nós.

"Senta-te junto ao poço da humildade, de onde poderás tirar a água que jorra para a vida eterna", aconselha Santo Antônio. Ou seja, só tirarás proveito do Evangelho, só caminharás na estrada da santidade, só te revestirás de Cristo, se tua vida for alimentada com a água viva da humildade. Compreendemos, então, por que Frei Antônio de Lisboa, querendo ensinar o Evangelho, como caminho, verdade e vida, parte sempre da humildade, como fonte, navega sempre nas águas da humildade e considera a humildade como criadora das demais virtudes cristãs.

Lembremos que a humildade é uma virtude: deve ser conquistada. Ela não nasce conosco. E deve ser a primeira a ser conquistada, porque dela dependem todas as outras, inclusive a pobreza, a caridade e a obediência. Se Frei Antônio quis pregar as virtudes, que ajudam a viver as verdades da fé, compreendemos que fale dela em todos os seus sermões. E ele mesmo é um exemplo vivo de pessoa humilde. De Jesus se diz que era a encarnação da misericórdia. De Francisco se diz que era a encarnação da oração. De Antônio podemos dizer que era a encarnação da humildade.

Para Frei Antônio o contrário da humildade não é nem a soberba nem o orgulho, mas a hipocrisia, ou seja, aparentar ser o que não se é ou aparentar ter o que não se tem. Dá um exemplo: o hipócrita é como a avestruz, que tem asas, mas é incapaz de voar, tem penas de falcão, mas não consegue sair do chão do autolouvor. Dá logo mais um exemplo: "O hipócrita se comporta como o pavão que, ao ser louvado pelas crianças, mostra o esplendor de suas penas, e quando faz rodar a cauda, descobre feiamente o traseiro. O hipócrita ao louvar-se mostra as penas da santidade que julga ter e faz a roda de sua vida, dizendo: fiz isto, fiz aquilo, assim comecei, assim perseverei. E enquanto roda desta maneira, demonstra sua fealdade". Em outro sermão Frei Antônio afirma: "Não há soberba superior à do hipócrita".

Interpretando o episódio da perda e do encontro de Jesus no templo, Frei Antônio se demora na frase: "E foi para Nazaré". Nazaré, lugar humilde, – diz ele – significa flor e simboliza a humildade. Na flor se observam três coisas: a beleza da cor, a suavidade do perfume e a esperança do fruto. Também na verdadeira humildade há a beleza da honestidade, a suavidade da boa opinião (também o verdadeiro humilde, ainda que for louvado pelo perfume de sua vida de bondade, não cai na soberba) e a esperança certa de fruto (quando vejo um verdadeiro humilde, tenho certeza de que será um futuro santo). No mesmo sermão se lembra do contrário da humildade e acrescenta: "Diz Isaías que todo hipócrita é mau (9,17) e Miqueias afirma que o melhor deles é como um espinheiro e o mais justo deles é como o espinho de uma sebe (7,4). Verdadeiramente, hoje todos são hipócritas, espinheiros e espinhos. O hipócrita que finge ser aquilo que não é; o espinheiro parece macio nas palavras, mas pica com os fatos; os espinhos que ferem os passantes para sugar o sangue do louvor e do dinheiro. No jardim de Nazaré não há lugar para espinhos e espinheiros (os hipócritas), mas para o lírio e a violeta (os humildes) e por isso Jesus foi para lá".

Por que Santo Antônio fez da humildade o sol que ilumina o mundo e lhe dá a vida? Porque Deus escolheu o caminho da humildade para vir a este mundo e neste mundo cumprir a missão redentora. Desde o primeiro momento escolheu Maria por sua humildade: "Olhou a humildade de sua serva" (*Lc* 1,48).

8
CARIDADE: VIDA DA ALMA

Se a humildade é uma das rodas de toda a evangelização feita por Santo Antônio, a outra roda é a caridade, também chamada amor, também chamada misericórdia. A caridade é a seiva vital de todas as virtudes. É o primeiro e único mandamento do Evangelho. "Deus repousa na casa da humildade e se recreia no jardim da caridade", ensina o Santo.

Jesus confirmou que amar Deus de todo o coração é o primeiro e o maior mandamento; o segundo mandamento, igual ao primeiro, é amar o próximo como a si mesmo (*Mt* 22,37-39); e Jesus foi claro: "Destes mandamentos dependem toda a Lei e os Profetas", ou seja, tudo toma sentido no amor, que tem três dimensões de igual tamanho: a Deus, ao próximo e a si mesmo; três dimensões que se pedem mutuamente e uma necessita da outra para existir. Em um dos sermões, Frei Antônio é claro: "É um e o mesmo amor com que se ama a Deus e ao próximo". Por isso dizia também: "Assim como Deus é o princípio de tudo, a caridade é a alma de todas as virtudes".

Na Regra, que também Frei Antônio de Lisboa aprovou e jurou praticar no capítulo de 1221, dizia-se que a vida dos Frades Menores era viver o Evangelho e, portanto, praticar o único preceito do Evangelho: o amor incondicional a Deus e ao próximo. Naquela mesma Regra se dizia: "Amemos todos, de todo o coração, com toda a alma, com todo o espírito, com toda a nossa capacidade e força, com todas as virtudes do espírito e do corpo, com todo empenho, todo afeto, todas as entranhas, todos os desejos e todas as vontades o Senhor e nosso Deus, que nos deu e nos dá a todos nós o corpo, a alma e a vida". Com a mesma totalidade do amor, Frei Francisco queria que seus Frades amassem o próximo a começar com o irmão que Deus lhe dera para a convivência fraterna, a continuar com o irmão pobre, o irmão pecador, o irmão leproso, o irmão bandido, o irmão santo. De Frei Francisco escreveu o biógrafo: "Quem poderá contar toda a compaixão que este homem tinha para com os pobres? Ele era de uma clemência nata, redobrada pela piedade. Ele se derretia todo pelos pobres e aos que não podia estender a mão nunca deixava de dar seu afeto. Qualquer carência ou penúria que visse em alguém dirigia seu pensamento em rápida conversão para o Cristo. Via o filho da pobre Senhora em todos os pobres". Este texto mostra a estreita ligação entre o próximo e Jesus, entre o amor ao necessitado e o amor a Deus, inseparáveis. A mesma coisa podemos dizer de Frei Antônio de Lisboa, tanto em sua pregação quanto em seu comportamento. E também quanto a seus milagres, todos provocados pela pressão da caridade.

Vejamos um de seus milagres mais famosos. Ele expressa bem a força de convicção que tinha o Santo em suas pregações e, ao mesmo tempo, a caridade sempre presente de Frei Antônio. Depois de uma pregação, atendendo confissões, um homem chamado Leonardo contou ao Santo o pecado de ter dado um pontapé tão forte na mãe que a derrubou por terra. Frei Antônio o repreendeu, lembrando o ensinamento de Jesus que é melhor entrar no céu com um pé só do que com os dois pés pecadores ir para o inferno. O homem entendeu o ensinamento ao pé da letra, voltou para casa e decepou o pé que dera o chute na mãe. Todo mundo ficou sabendo da mutilação e por que o homem cortara o pé. Correram contar o fato a Frei Antônio. O Frade foi até a casa e acalmou todo mundo. Pegando o pé decepado, o uniu novamente à perna, "fazendo ao mesmo tempo o sinal da cruz sobre o local e passando várias vezes suas sagradas mãos sobre ele. O pé se inseriu perfeitamente na perna, de tal modo que aquele homem saltou sobre os pés, alegre e curado, exultando, pulando e louvando a Deus".

Quando o amor se abre gratuitamente para o próximo necessitado chama-se misericórdia. A misericórdia é o fruto do amor. São Paulo disse que Deus é rico em misericórdia (*Ef* 2,4). O evangelista Lucas nos diz que Jesus é a encarnação da misericórdia de Deus. E Jesus nos ordenou: "Sede misericordiosos como vosso Pai do Céu é misericordioso" (*Lc* 6,36). Santo Antônio falou muito da misericórdia de Deus para conosco pecadores e da misericórdia que devemos ter para com todos os que nos cercam. Assim explica ele em um dos sermões: "Ó profundidade da divina misericórdia! Tão grande que a inteligência humana não consegue abranger! Tendo Deus disposto, como se diz no livro da Sabedoria (11,21), todas as coisas com medida, conta e peso, não quis incluir nestas leis com estes confins sua misericórdia, antes ela é que os inclui e os abraça. Por toda a parte está sua misericórdia, mesmo no inferno, porque não pune tanto quanto exige a culpa do delinquente: Da misericórdia do Senhor, diz o salmista (119,64), está cheia toda a terra, e todos nós, miseráveis, recebemos de sua plenitude. Pela misericórdia de Deus, sou aquilo que sou (*1Cor* 15,10). Sem ela, nada sou. Ó Senhor, se me retiras a tua misericórdia, caio na miséria eterna. Tua misericórdia é a coluna que sustenta o céu e a terra. Se a retirares, tudo cairá. Mas tuas misericórdias são muitas, na frase de Jeremias (*Lm* 3,22), porque não fomos consumidos. Muitas, na verdade! Quantas vezes pecamos mortalmente, de fato, pela alma ou pelo corpo, e não fomos imediatamente sufocados pelo demônio. Tantas vezes devemos atribuir à infinita misericórdia do Senhor o ainda vivermos! É que ele espera nossa conversão, por isso não permite sermos sufocados pelo demônio. Logo, por tantas misericórdias devemos dar graças ao Pai misericordioso; quantas vezes pecamos e não fomos consumidos! Ó miseráveis, porque somos ingratos perante tamanha misericórdia? Deus deu ao ímpio tempo de penitência, diz Jó (24,23), e ele abusa disso para se ensoberbecer. E entesoura para si ira para o dia da ira. Compadece-te, pois, de tua alma, porque as misericórdias do Senhor são antigas. Ele não se esquece de ter compaixão de quem se considera digno de compaixão".

Em três momentos, sobretudo, Deus manifestou seu extremado amor. Primeiro, ao nos fazer criaturas capazes de amar. Por isso precisamos amá-lo. Nascemos marcados pelo amor e para amar. "Todos os pensamentos, toda a vida e toda a inteligência devem ser referidos Àquele que nô-los deu." Segundo grande momento, quando nos deu seu Filho bendito no Natal. Santo Antônio usa de uma historinha para explicar as razões do Natal de Jesus: "Lê-se no Passionário de São Sebastião que um rei possuía um anel de ouro, ornado com uma joia preciosa, que lhe era muito querido. Um dia, caiu-lhe do dedo em uma cloaca, o que muito lhe doeu. E não encontrando ninguém que lhe pudesse tirar o anel, depondo os vestidos da dignidade real, desceu à cloaca, vestido de saco, procurou o anel durante muito tempo, encontrou finalmente o que procurava e, alegre, trouxe para o palácio o achado. O Rei é o filho de Deus; o anel, o gênero humano; a joia do anel, a preciosa alma do homem. Este caiu do gozo do paraíso, como do dedo de Deus, na cloaca do inferno. O Filho de Deus muito se doeu dessa perda. Para recuperar o anel procurou entre os anjos e entre os homens, e não encontrou, porque ninguém foi capaz. Então depôs os vestidos, aniquilou-se a si mesmo, tomou o saco de nossa miséria, procurou por trinta e três anos o anel, finalmente desceu aos infernos e aí encontrou Adão com sua posteridade, e, muito alegre, levou consigo o achado para os gozos eternos".

Levou consigo Adão para o gozo eterno. Este é o terceiro momento de amor extremado de Deus. Depois de nos criar, ele mesmo assumiu nossa condição humana e agora, na páscoa, reveste-nos de sua condição divina: dá-nos por amor a imortalidade divina. Em outro sermão Santo Antônio resume assim toda a história do amor de Deus e do amor que lhe devemos e devemos ao próximo: "Amarás o Senhor teu Deus com todo o teu coração. Diz teu e por isso mais se deve amar, pois nós amamos mais o nosso do que o alheio. Ele é digno de ser amado por ti. Sendo o Senhor teu Deus, tornou-se teu servidor, para que te fizesses dele e te não envergonhasses de o servir. Com os teus pecados, escreve Isaías (43,24), como que me tornaste teu escravo. Durante trinta e três anos, o teu Deus se tornou teu escravo por causa dos teus pecados, para te libertar da escravidão do diabo. Amarás, portanto, o Senhor teu Deus, que te criou; tornou-se criatura por causa de ti; deu-se todo a ti, para que te desses todo a ele. Amarás, portanto, o Senhor teu Deus. No princípio, antes de existires, deu-te a ti; no segundo momento, sendo tu mau, deu-se a ti para que fosses bom, e quando se te deu, restituiu-te a ti. Dado, portanto, e restituído, deves-te duas vezes e deves-te todo. Amarás, portanto, o Senhor teu Deus com todo o teu coração. Aquele que disse 'todo' não te deixou parte de ti, mas mandou que te oferecesses 'todo' a ele. De fato, ele te comprou todo, a fim de só ele todo te possuir. Amarás o Senhor teu Deus com todo o teu coração. Não queiras, como Ananias e Safira, guardar para ti uma parte de ti, a fim de que não morras todo com eles. Ama, pois, totalmente, não em parte, porque Deus não tem partes, mas está todo em toda a parte. Por isso, não quer partilha no teu ser, ele que é todo em seu Ser. Se reservas para ti uma parte de ti, és teu, não seu. Queres possuir tudo? Dá-lhe o que és e ele te dará o que é; e assim nada terás de ti, porque possuirás o todo dele juntamente com o todo de ti. Amarás, portanto, o Senhor teu Deus com todo o teu coração".

Muitas vezes Santo Antônio aproximou caridade e humildade. Lembremos algumas de suas afirmações: "A caridade e a humildade saciam a alma como a água sacia a sede. Quem as possuir não terá sede jamais". "O lobo teme duas coisas: o fogo e o caminho trilhado. Também o diabo teme especialmente duas coisas: o fogo da caridade e o caminho trilhado da humildade." "O manto da alma fiel tece-se com a candura da castidade, o brilho da humildade e o calor da caridade." "O fogo é figura do amor de Deus: nele há o calor da humildade, o brilho da caridade e a leveza da pobreza."

Maria é o exemplo consumado de quem viveu na humildade o amor-caridade, o amor-misericórdia. "Maria, diz Santo Antônio, é o altar perfeito, porque na profundeza de sua humildade foi um fogo de amor, que se ofereceu a Deus em suave odor."

9
EUCARISTIA: SACRAMENTO DA HUMILDADE

Não dá para falar de Santo Antônio sem falar da Eucaristia. Ele viveu em um tempo de muita heresia, ou seja, de gente que escolhia as verdades da fé que lhe interessavam e negavam outras. Assim, no tempo dele, havia cristãos que negavam todos os sacramentos. Havia quem negasse, sobretudo, a presença de Cristo na Eucaristia, porque o pão é coisa material e toda matéria seria diabólica, por isso se tornava impossível Deus estar na matéria. Havia quem acreditasse na presença de Cristo, mas apenas na hora da Missa, negando, por conseguinte, a presença nas espécies eucarísticas conservadas depois da celebração nos tabernáculos para adoração e para viático aos doentes. Havia quem dissesse que o Cristo está presente apenas simbolicamente. Aliás, essas heresias todas circulam também nos dias de hoje. Havia quem negasse o sacerdócio e diziam que todos podiam consagrar. Havia quem negasse a validade da Eucaristia celebrada por um padre em pecado. Havia quem ensinasse que bastava comungar uma vez na vida. E havia, nas paróquias, bastante descuido com os tabernáculos, os cálices, os sanguíneos. O Concílio Ecumênico celebrado na Basílica do Latrão em 1215, convocado pelo papa Inocêncio III, havia feito esclarecimentos, reacentuado a verdade de fé da presença real de Jesus na Eucaristia, baixado normas quanto aos tabernáculos que guardavam as hóstias consagradas.

O movimento franciscano nasceu exatamente neste tempo. A devoção a Jesus Cristo presente no pão e no vinho consagrados passou a ser uma nota constante na vida dos Frades. Francisco, que não era padre, tinha veneração pelos sacerdotes e pedia que o povo os respeitasse. Na carta que Francisco escreveu a todos os Frades, dizia: "Considerai vossa dignidade, irmãos sacerdotes! Assim como o Senhor Deus vos honrou acima de todos, assim vós, mais que todos, deveis amá-lo, reverenciá-lo e honrá-lo. Pasme o homem todo, estremeça a terra inteira, rejubile o céu em altas vozes quando, sobre o altar, estiver nas mãos do sacerdote o Cristo, Filho de Deus vivo! Ó grandeza maravilhosa, ó admirável condescendência! Ó humildade sublime, ó humilde sublimidade! O Senhor do universo, Deus e Filho de Deus, humilha-se a ponto de se esconder, para nosso bem, na modesta aparência do pão. Quanta humildade de Deus!"

Sabe-se que no Capítulo de 1221, quando Frei Antônio conheceu Frei Francisco e aceitou a chamada Regra não bulada, o Papa mandara recado a Francisco: que ele insistisse com seus Frades para que cumprissem e fizessem o povo cumprir as determinações do Concílio do Latrão de 1215 a respeito da Eucaristia. Que os Frades pregassem pelo exemplo e pela palavra o mistério eucarístico, fundamento e ápice da vida cristã. Frei Antônio deve ter pregado inúmeras vezes sobre este Sacramento, porque o norte da Itália estava cheio de cátaros e valdenses, que não acreditavam na Eucaristia. Já dissemos quem eram os cátaros (também chamados albigenses) e os valdenses, seguidores do pregador leigo francês Pedro Valdo, falecido em 1218.

Temos um sermão inteiro de Frei Antônio sobre a Eucaristia, escrito para a Missa de Quinta-feira Santa. Nele, o santo ensina: "Deve-se firmemente crer e de coração confessar que aquele corpo que nasceu da Virgem, pendeu na cruz, esteve no sepulcro, ao terceiro dia ressuscitou, subiu ao céu e se assentou à direita de Deus Pai, Jesus entregou verdadeiramente aos apóstolos no dia de hoje e a Igreja o confecciona todos os dias verdadeiramente e o distribui a seus fiéis. De fato, ao dizer esta palavra – isto é meu corpo – o pão transubstancia-se no corpo de Cristo". E o pregador exclama: "Ó caridade do Amado! Ó amor do Esposo para com sua esposa a Igreja!

Ofereceu-lhe hoje com suas mãos santíssimas o próprio sangue que amanhã derramará por ela nas mãos dos algozes".

A Eucaristia é alimento, é mesa posta para todos. Mas quem quiser nela se assentar precisa estar revestido ou da veste nupcial da caridade ou da veste da penitência. Por isso mesmo Frei Antônio, como um tecelão, discorre longamente sobre o lava-pés e os gestos de Jesus no lava-pés antes de dar seu corpo para comer e seu sangue para beber ensinando as qualidades que deve ter quem quer se aproximar da Eucaristia. E a primeira dela é a humildade que teve Jesus no lava-pés: "Ó incompreensível humildade! Ó inefável benignidade! Aquele que é adorado pelos anjos no céu, inclina-se diante dos pés de pescadores. Aquela cabeça que faz tremer os anjos, submete-se aos pés de pobres! Pedro não pôde suportar que Deus se humilhasse a seus pés". Fica a lição: A Eucaristia, ainda que divina, é o sacramento da humildade feito para os humildes.

No lava-pés Jesus despiu o manto. O manto significava a dignidade. "Depor o manto é aniquilar-se a si mesmo." Ninguém é suficientemente digno de receber a Eucaristia. Por isso repetimos a frase do centurião: "Senhor, não sou digno" (*Lc* 7,6). De novo a humildade procurada, a humildade assumida. Jesus cingiu-se com a toalha. Santo Antônio vê nesta toalha nossa natureza humana "pobre, degredada e peregrina", mas é com minha fraqueza, minhas necessidades que devo me assentar à mesa Eucarística. Foi para mim, criatura humana, que vivo "no meio das tribulações, das tempestades das tentações" que Jesus preparou a comida eucarística, que "limpa o suor de nosso trabalho, alivia o sangue de nosso sofrimento e nos dá a paciência de Jesus nas tribulações".

No mesmo sermão, Santo Antônio lembra a maior consequência da Eucaristia, pão e vinho sem mistura. Jesus dissera: Quem comer deste pão e beber deste vinho terá a vida eterna. O santo conclui: "O vinho sem mistura simboliza o gozo da vida triunfante. Será então verdadeiramente sem mistura, porque este corpo mortal revestirá a imortalidade, e este corpo corruptível revestirá a incorrupção. Que o Deus imortal nos conceda esta imortalidade!"

No tempo de Santo Antônio não era costume a comunhão frequente. São Francisco nunca determinou quantas vezes devia o Frade comungar. Santo Antônio deixou liberdade ao povo: "Disse o centurião a Jesus (*Mt* 8,8): Senhor eu não sou digno que entres em minha casa. Zaqueu, porém, recebeu o Senhor com alegria (*Lc* 19,6). Nestes fatos verifica-se a diversidade de intenções. Alguns, por reverência ao corpo de Cristo, dizem: Senhor, eu não sou digno, e frequentemente se abstêm da recepção da Eucaristia; outros, porém, recebem-no de bom grado, honrando o corpo de Cristo. Donde a palavra de Santo Agostinho: Não louvo nem censuro o receber todos os dias a Eucaristia. Há quem, para o honrá-lo, não ousa comungar todos os dias; há quem não ousa deixar passar dia algum sem lhe prestar essa honra".

De Santo Antônio pregador sobre o mistério eucarístico conta-se um episódio certamente não histórico, mas sempre recontado como símbolo de sua grandeza apostólica, cujas palavras inflamadas de amor e verdade eram confirmadas por Deus por milagres. Encontramos-o na coleção dos *Fioretti*:

Frei Antônio discutiu com veemência com um herege empedernido sobre o salvífico sacramento da Eucaristia. Quando parecia estar por convencê-lo desta verdade da fé, o homem, depois de muita disputa, propôs: 'pois bem, se tu, Frei Antônio, conseguires provar na presença de todos, que lá esteja o Corpo de Cristo, então eu vou abjurar toda e qualquer heresia e me submeterei ao jugo da fé'. Tendo o santo assumido o compromisso com grande confiança, o herege prosseguiu: 'Vou manter por três dias o meu jumento sem comer. Passados os três dias, vou trazê-lo à presença do povo aqui reunido e lhe mostrarei a ração prontinha. Enquanto isso, tu te colocarás diante do animal, tendo nas mãos aquilo que afirmas ser o corpo de Cristo. Se o animal, exaurido pelo jejum, desprezar o alimento e for na direção daquele Deus que, segundo tua pregação, deve ser adorado por toda a criatura, acreditarei sinceramente na fé da Igreja'. Imediatamente o santo homem deu consentimento. No dia estabelecido, o povo lotou a vasta praça. Está presente o herege, cercado de muitos outros hereges. Ele traz o burro esfaimado. Em um canto colocaram a ração. Enquanto isso, Frei Antônio transporta o corpo santíssimo do Cristo para diante do povo. Impondo silêncio, disse ao burro: 'Em virtude e em nome do teu Criador, que eu, embora indigno, tenho verdadeiramente nas mãos, digo-te e ordeno-te que te aproximes imediatamente e humildemente lhe prestes a devida adoração, a fim de que os hereges aqui presentes se convençam que toda a criatura está sujeita a seu Criador, que o sacerdote tem entre as mãos sobre os altares'. Ao mesmo tempo o herege ofereceu o alimento ao burro faminto. Mas o animal, levado aos extremos da fome, escutando o convite de Frei Antônio, desprezou a forragem e prontamente inclinou a cabeça, dobrando os joelhos perante o Santíssimo Sacramento. E nosso descrente, tendo abjurado as heresias, tornou a abraçar a fé.

Em 1653 o Padre jesuíta Antônio Vieira (1608-1697) devia fazer o sermão da festa de Santo Antônio e a festa coincidia com a oitava da festa de Corpus Christi. Naquele tempo, nos oito dias da festa de Corpus Christi se celebrava com o Santíssimo Exposto. O Padre Viera fez seu longo sermão, mostrando que Santo Antônio é um santo eucarístico. Ele contou o episódio do burro. Vieira teceu este comentário: "O bruto venera sem conhecer, o herege não venera porque não conhece. Se o bruto venera o Santíssimo Sacramento sem conhecer, eu, que sou homem racional, que conheço, por que tenho tão pouca reverência?"

Santo Antônio não conheceu a festa de Corpus Christi. Ela nasce por esse tempo, mas só entrou no calendário litúrgico em 1264, exatamente para lembrar a presença verdadeira de Jesus, em corpo e alma, humanidade e divindade, no pão consagrado. O Pão consagrado é levado pelas ruas e aplaudido nas praças como manifestação da fé no sacramento.

Obediente à Regra franciscana, Santo Antônio pregou sobre as virtudes e contra os vícios. Só por acaso menciona os sacramentos. A não ser o sacramento da penitência, para corrigir os vícios, e o sacramento da Eucaristia, como alimento das virtudes. Dizia que o cristão deve se assentar diariamente a três mesas: à mesa da doutrina, para aprender as virtudes; à mesa da penitência para se corrigir; e à mesa da Eucaristia para se alimentar e permanecer unido ao Senhor.

10
FREI ANTÔNIO DE LISBOA, PROFESSOR DE TEOLOGIA

Estamos em 1223, o segundo ano de pregações de Frei Antônio no Norte da Itália. Nesse ano acontecem alguns fatos grandes na vida de Frei Francisco e outros na vida de Frei Antônio, que repercutem na Ordem franciscana. Já dissemos que a Santa Sé não quis aprovar a Regra que São Francisco apresentou ao Capítulo de Assis em Pentecostes de 1221, aludindo que estava mais cheia de bons conselhos e frases bíblicas do que de leis a serem cumpridas. Frei Francisco, então, recolheu-se ao Convento de Fonte Colombo e, certamente com a ajuda de juristas, escreveu um novo texto, que foi aprovado pelos Frades no Capítulo celebrado em junho em Assis. Frei Francisco levou a nova Regra ao papa Honório III, que sucedera em julho de 1216, ao papa Inocêncio III, que aprovara oralmente a primeira Regra de Frei Francisco em 1209. O papa Honório III aprovou, no dia 29 de novembro, o novo texto, bem mais curto e enxuto do que o texto de 1221. É a Regra franciscana definitiva, válida e observada até hoje.

Outro fato histórico de 1223: na festa do Natal Frei Francisco montou em Greccio o primeiro presépio. E foi vivo, porque um camponês lhe emprestou um burro e fez a cabana, uma senhora lhe emprestou o filhinho que fez de Menino Jesus, o povo acorreu à gruta como os pastores em Belém. Celano, biógrafo de São Francisco, conta: "Fizeram um presépio, trouxeram palha, um boi e um burro. Greccio tornou-se uma nova Belém, honrando a simplicidade, louvando a pobreza e recomendando a humildade. A noite ficou iluminada como o dia e estava deliciosa para os homens e para os animais. O povo foi chegando e se alegrou com o mistério renovado em uma alegria toda nova. O bosque ressoava com as vozes que ecoavam nos morros. Os Frades cantavam, dando os devidos louvores ao Senhor e a noite inteira se rejubilava. O santo parou diante do presépio e suspirou cheio de piedade e de alegria. A Missa foi celebrada ali mesmo no presépio e o sacerdote que a celebrou sentiu uma piedade que jamais experimentara até então. O santo vestiu dalmática, porque era diácono, e cantou com voz sonora o santo Evangelho. Depois ele pregou ao povo presente, dizendo coisas maravilhosas sobre o nascimento do Rei pobre e sobre a pequena cidade de Belém. Muitas vezes, quando queria chamar o Cristo de Jesus, chamava-o também com muito amor de 'Menino de Belém' e pronunciava a palavra 'Belém' como o balido de uma ovelha, enchendo a boca com a voz e mais ainda com a doce afeição. Também estalava a língua quando falava 'Menino de Belém' ou 'Jesus', saboreando a doçura destas palavras". Nasceu naquele Natal de 1223 o costume franciscano, que depois se espalhou por todas as igrejas, de construir o presépio como símbolo do Natal de Jesus.

Um terceiro grande fato de 1223. Enquanto estudavam a nova Regra, os Frades devem ter discutido muito a necessidade de estudos para facilitar a pregação. Ninguém queria ser chamado de ignorante. Também os bispos mostravam preocupação com os novos pregadores. Todos sabiam que Frei Francisco não queria que os Frades estudassem, porque dizia que a vivência da pobreza como Cristo a viveu e a mística do amor ao Cristo que se despojou para melhor servir não precisavam da ciência. Frei Francisco deixou-se convencer da necessidade de seus Frades aprenderem mais teologia e fundamentarem mais nas Escrituras sua espiritualidade e sua pregação. Muitos seguidores de Frei Francisco eram pessoas cultas, com curso universitário.

Frei Pedro Catani, seu primeiro vigário, e Frei Elias de Cortona, seu segundo vigário, eram conhecidos juristas antes de entrar na Ordem. Mas Frei Francisco escolheu como primeiro professor dos Frades a Frei Antônio de Lisboa. Esta escolha prova que Frei Antônio, com tão pouco tempo na Itália, era muito conhecido por sua sabedoria, ou seja, por seus conhecimentos das coisas divinas, bebidos na Sagrada Escritura e na interpretação que dela fizeram os grandes santos da Igreja.

Frei Francisco escreveu uma carta, convidando Frei Antônio a ensinar teologia aos Frades: "Eu, Frei Francisco, saúdo a Frei Antônio, meu bispo. Gostaria muito que ensinasses aos irmãos a Sagrada Teologia, contanto que neste estudo não se extingam o espírito da santa oração e da devoção, segundo está escrito na Regra. Passe bem!"

Chamando a Frei Antônio de 'meu bispo', Francisco demonstra o grande apreço que lhe tinha; mas também lhe dá autoridade plena para ensinar, como se bispo fosse. Se nos lembrarmos que a palavra 'bispo' vem de 'epi-scopéin', que significa velar, olhar atentamente por cima de tudo, vigiar, a palavra 'bispo', aplicada a Frei Antônio, era também um pedido para que ele lecionasse, mas com o cuidado de vigiar para que seus Frades, pelo estudo, não abandonassem o espírito da verdadeira piedade. O que fica também claríssimo na condição expressa que ele põe: que os alunos não extingam o espírito da santa oração e da devoção, porque a devoção e a oração eram exigências da Regra.

Frei Francisco não era contra a ciência e contra os estudos. A *Legenda Perugina* diz expressamente: "Ele não desprezava nem punha de lado a ciência das coisas santas. Pelo contrário, para com os doutos da Ordem e outros sábios dedicava o maior apreço, como disse no *Testamento*: 'A todos os teólogos e àqueles nos ministram as santas palavras de Deus, devemos honrar e reverenciar, como a quem nos comunica espírito e vida'. Mas sabia que muitos, a pretexto de edificar os outros, abandonariam a pura e santa simplicidade, a santa oração e a Senhora Pobreza, julgar-se-iam mais fervorosos e mais inflamados no amor de Deus por causa dos conhecimentos da Escritura, quando, precisamente, com o crescer da ciência, ficariam por dentro frios e vazios".

Frei Antônio de Lisboa obedeceu a Frei Francisco e criou uma escola em Bolonha para os Frades, em uma casa emprestada pelo Cardeal Hugolino, que era o cardeal protetor da Ordem e pessoa de confiança de Frei Francisco. Frei Antônio tornou-se, portanto, com a obediência e a bênção de Francisco, o primeiro professor de teologia da Ordem. Sem abandonar o trabalho de missionário popular, Antônio deve ter lecionado teologia ao menos um ano e meio. E foi nesse tempo que percebeu a necessidade de escrever para os alunos esquemas de pregações sobre os evangelhos lidos aos domingos e dias santos.

O estudo para Frei Antônio é uma necessidade para interpretar a Palavra de Deus, assunto fundamental de todo pregador. O estudo, porém, deve envolver o gosto pelas coisas de Deus. Esse gosto se chama sabedoria. E o caminho que leva à sabedoria – insiste muitas vezes Antônio – é a humildade. "Qualquer outro caminho é tolo, porque é da soberba." Nisso coincide com o pensamento de Frei Francisco, que chamava essa sabedoria de rainha e irmã da simplicidade. Para os dois, Deus se revela na simplicidade e só os simples, os humildes conseguem transmitir sua mensagem salvadora.

Em um de seus sermões sobre o Natal, Frei Antônio faz esta reflexão: "Aprende, ó homem, a amar a Jesus, e então aprenderás onde está a sabedoria. Ele mesmo é a Sabedoria; donde a afirmação nos Provérbios: A Sabedoria edificou para si uma casa (*Pr* 9,1). Ele mesmo é a prudência; donde Jó: Sua prudência, a do Pai, feriu o soberbo, o diabo (*Jó* 26,2). Ele mesmo é a força, donde o Apóstolo: *É força de Deus e sabedoria de Deus* (*1Cor* 1,24). Nele mesmo há a inteligência de tudo: A seus olhos todas as coisas são nuas e manifestas (*Hb* 4,13). Ele mesmo é a vida: Eu sou o caminho, a verdade e a vida (*Jo* 14,6). Ele mesmo é o sustento, porque o pão dos anjos, a refeição dos justos. Ele mesmo é a luz dos olhos: Eu sou luz do mundo (*Jo* 18,12). Ele mesmo é nossa paz, ele que de duas coisas fez uma só (*Ef* 2,14). Ó homem, aprende esta sabedoria, para que a saboreies; esta prudência, para que te acauteles; esta força, para que possas resistir; esta inteligência, para que conheças; esta vida, para que vivas; este sustento, para que não desfaleças; esta luz, para que vejas; esta paz, para que descanses. Ó Jesus Santíssimo, onde te buscarei e onde te encontrarei? Onde, depois de encontrado, encontrarei tantos bens? Depois de possuído, tenha tantos bens? Busca e acharás. E onde, por favor, habita? Onde faz a sesta? Queres saber onde? Diz, por favor! Encontrarás Jesus no meio de José e Maria".

Frei Antônio de Lisboa começou a desenvolver a que futuramente se chamou de Escola Franciscana de Teologia, uma escola cristocêntrica, forte na Escolástica. Escolástica é o nome que se dá ao aprofundado estudo teológico desenvolvido justamente a partir do tempo de Santo Antônio e alcança o auge com o dominicano Tomás de Aquino (1225-1274), que escreveu a volumosa síntese conhecida como *Suma Teológica*. Os teólogos franciscanos não têm escrúpulo em afirmar que o Filho de Deus se teria encarnado, como primogênito de todas as criaturas, mesmo que não tivesse acontecido o pecado de Adão e Eva. Frei Antônio de Lisboa não chega a dizer isso, embora faça os maiores elogios ao Menino de Belém, mas os teólogos que beberam em seus sermões puderam chegar a essa conclusão: Deus não precisava que o homem pecasse para ser o Emanuel, o Deus com as criaturas humanas.

No ensino da Sagrada Escritura Frei Antônio apela para todas as ciências. Aprendeu com os ensinamentos de Frei Francisco: nada é profano, quando o coração está voltado humildemente para Deus e envolvido pela simplicidade de Deus, porque todas as criaturas, inclusive os espinheiros, as urtigas, os vermes e as feras, cada uma a seu modo, louvam a Deus. Busca explicações na botânica, na zoologia, na astronomia, na medicina, na jurisprudência, na anatomia, na mineralogia e na semântica das palavras, esclarecimentos para as virtudes ensinadas pelo Evangelho e para as verdades da fé. Contra os hereges cátaros que viam todas as criaturas obra do demônio, Frei Antônio mostra encanto pelas criaturas, sobretudo pela criatura humana, chamada a ser sócia de Deus no desenvolvimento do mundo. "Se tu fizeres a tua parte, Deus fará certamente a dele." A harmonia de todas as criaturas (hoje diríamos ecologia) é parte integrante da mundividência franciscana: "O mundo, a vida, a morte, o presente, o futuro, tudo é vosso, mas vós sois de Cristo e Cristo é de Deus" (*1Cor* 3,22).

11
MINISTRO PROVINCIAL NO SUL DA FRANÇA

Provavelmente, em fins de setembro de 1224, Frei Antônio de Lisboa foi mandado para o Sul da França com duas finalidades: fundar lá uma escola para ensinar teologia aos Frades e coordenar as pregações contra os hereges, sobretudo os da cidade de Albi, que eram tantos que 'albigense' se tornara sinônimo de herege, que seguia a mesma doutrina dos cátaros. Frei Antônio tinha agora grande experiência no enfrentamento dessa heresia, que negava os sacramentos, dividia o mundo entre material e espiritual, sendo só a espiritual obra de Deus e a material obra do demônio.

Mas antes de irmos com Frei Antônio para a França, lembremos um fato inaudito acontecido na Itália com Frei Francisco, em meados de setembro desse mesmo ano de 1224. Assim conta São Boaventura no livro *Legenda Maior*, 13,3: "Transportado em Deus pelo desejo de seráfico amor e transformado, por compaixão, naquele que, em seu excesso de amor, quis ser crucificado, rezava um dia Francisco em uma gruta do Monte Alverne, estando próxima a festa da Exaltação da Santa Cruz; e eis que ele viu descer do céu um serafim de seis asas brilhantes como fogo. Em um rápido voo chegou ao lugar onde estava o homem de

Deus, e apareceu então uma personagem entre as asas: era um homem crucificado, com as mãos e os pés estendidos e presos a uma cruz. Esta aparição fez Francisco mergulhar em um profundo êxtase, enquanto em seu coração sentia um gozo extraordinário mesclado com certa dor. Porque, em primeiro lugar, via-se inundado de alegria com aquele admirável espetáculo, no qual se gloriava de contemplar a Cristo sob a forma de um serafim, mas ao mesmo tempo a vista da cruz atravessava sua alma com a espada de uma dor compassiva. Era grande sua admiração diante de semelhante visão, pois não ignorava que os sofrimentos da paixão eram incompatíveis com a imortalidade dos espíritos celestes. Veio então a conhecer por revelação divina que essa visão lhe havia sido providencialmente apresentada para que, como amante de Cristo, compreendesse que devia transformar-se totalmente nele, não tanto pelo martírio corporal quanto pelas chamas do amor de seu espírito. Ao desaparecer, aquela visão deixou no coração de Francisco um ardor admirável e imprimiu em seu corpo uma imagem não menos maravilhosa, pois no mesmo instante começaram a aparecer em suas mãos e seus pés os sinais dos cravos, iguais em tudo ao que antes havia visto na imagem do serafim crucificado. E assim era na verdade, porque suas mãos e seus pés estavam atravessados por grossos cravos".

Frei Antônio de Lisboa missionou o Sul da França provavelmente de setembro de 1224 a setembro de 1227. Sabemos que esteve ao menos nas cidades de Montpellier, de Brive, de Tolosa, de Puy, de Bourges, de Arles e de Limoges. Nesta última cidade nasceu Frei João Rigauld, que não conheceu Santo Antônio, porque morreu em 1323 como bispo de Tréguier, tendo sido antes ministro provincial da região. Ele escreveu por volta de 1300 uma biografia de Santo Antônio e fala bastante da presença de Frei Antônio de Pádua. Escreve no prólogo da biografia: "Nos dias em que Deus começou a iluminar o mundo com os ensinamentos e exemplos de Francisco, porta-bandeira de Cristo, houve um homem de vida venerável, adornado de virtudes e graça, que primeiramente sob a Regra dos Cônegos Regrantes se chamou Fernando, conforme lhe fora dado o nome no sagrado batismo, depois, sob a Regra dos Frades Menores, chamou-se Antônio. Em ambos estes estados foi abundantemente irrigado com o orvalho da divina graça, como se pode concluir da narração de sua vida. Enquanto Santo Antônio residiu na Custódia de Limoges, foi nomeado custódio e nessa ocasião Deus dignou-se operar por meio dele alguns milagres, de que eu, desde que entrei na Ordem, tomei conhecimento mediante seguro testemunho de Frades de comprovada virtude e que as biografias escritas até agora não contam".

Nenhuma biografia conta se Frei Antônio foi mandado à França ou se foi espontaneamente. Sabe-se que ele tinha licença de pregar em todos os lugares que quisesse. Sabe-se que todos falavam de suas pregações, misturadas com milagres. Sabe-se que a situação religiosa no Sul da França era muito preocupante. Houvera até uma cruzada que prendera e matara muitos hereges. Sabe-se que São Domingos havia mandado excelentes pregadores, que tiveram pouco êxito. Sabe-se também do carinho que Frei Francisco tinha pela França desde criança, e até seu nome era uma homenagem à França. Sabe-se que Francisco nas horas mais alegres cantava em francês. Sabe-se que no primeiro envio dos Frades às Missões, por altura de 1217, Frei Francisco reservara a França para si e só não partira porque o Cardeal Hugolino, já protetor da Ordem, impedira-o sob obediência de sair da Itália. É bem possível que Francisco, a esta altura muito debilitado e quase cego, tenha pedido a Frei Antônio para ir ao sul da França. Talvez não tanto para pregar, mas para ensinar aos Frades os novos métodos de enfrentar os hereges, os mesmos métodos que ele, Francisco, usara para chegar ao sultão.

A primeira coisa que Frei Antônio fez em Montpellier foi criar uma escola teológica para os Frades missionários. Foi nessa escola que aconteceu que um dos alunos, ainda noviço, roubou o caderno que Frei Antônio usava com os apontamentos das aulas sobre os salmos. Roubou e fugiu, pensando que, com o caderno, poderia tornar-se professor nalgum lugar. Assim que sentiu a falta do caderno, Frei Antônio se pôs a rezar para reencontrá-lo. Mistura-se o maravilhoso. O diabo, que inspirara o roubo, arrepende-se e bota escrúpulos no aluno fugitivo, que retornou ao Convento, devolveu o caderno, pediu desculpas e readmissão à Ordem. Este roubo e achado, provavelmente contado de muitos modos, está na origem da fama de Santo Antônio como achador de coisas perdidas.

Outro fato aconteceu em Montpellier. Conta uma de suas biografias: "Enquanto ele ensinava teologia em Montpellier, uma vez estava pregando em uma festa solene, em uma igreja cheia de clero e povo. Logo no início do sermão, ele se lembrou de que esquecera de providenciar um substituto para uma tarefa que lhe fora confiada em seu Convento. Realmente vigorava o costume de dois Frades cantarem o Aleluia durante a Missa Comunitária. E, naquele dia, era sua vez de cantar. Sentindo muito tal esquecimento, inclinou-se um tanto sobre o púlpito e cobriu a cabeça com o capuz, como se desejasse dormir. Naquele exato momento, o homem de Deus foi visto na igreja do Convento dos Frades, cantando o Aleluia. Durante todo esse tempo seu corpo permaneceu no púlpito, diante de toda aquela multidão". É o fenômeno da bilocação, que Deus tem concedido a vários santos.

Frei João Rigauld conta vários episódios acontecidos quando Frei Antônio estava em Limoges. Um deles é novamente a bilocação: "À meia-noite de uma Quinta-feira Santa, Frei Antônio estava na igreja de São Pedro, no centro da cidade de Limoges. Terminado o Ofício das Matinas, que ali se costumava cantar à meia-noite, começou a pregar ao povo reunido. À mesma hora, em seu Convento, os Frades cantavam as Matinas. Frei Antônio tinha sido escalado para cantar uma das lições. O homem de Deus pregava naquela hora na igreja de São Pedro, bem distante do Convento. Chegando os Frades à leitura que estava destinada a Frei Antônio, este apareceu subitamente no meio do coro, e cantou a lição até o fim. Os Frades ficaram estupefatos, porque sabiam que ele estava pregando no centro da cidade. O poder de Deus fez que ele à mesma hora estivesse com os Frades no coro a cantar a leitura e na igreja com o povo a pregar a Palavra de Vida. Enquanto cantou a leitura no coro, permaneceu silencioso na igreja perante o povo".

Recorro novamente a Frei João Rigauld para contar outro fato acontecido em Limoges. Um dia, Frei Antônio convocou o povo para ouvir a Palavra de Deus. A multidão foi tão numerosa que não cabia nem na igreja nem na praça. Foram então para um lugar chamado Cova das Arenas, ao céu aberto. Enquanto Frei Antônio pregava e a multidão o escutava atentamente, armou-se um temporal, com muitos trovões e raios. O povo começou a ir embora para se proteger. Frei Antônio pediu a todos que permanecessem onde estavam, que ninguém haveria de se molhar. O santo Frade derramou como chuva a Palavra divina sobre o povo, que não arredou o pé. "O homem de Deus prosseguiu seu sermão enquanto lhe aprouve. Ao levantarem-se depois do sermão e ao verem o terreno inteiramente encharcado e o lugar onde tinham estado enxuto, exaltaram a admirável magnificência de Deus." E Frei João anota: "Quando eu entrei na Ordem dos Frades Menores, ainda viviam muitos Frades que tinham assistido àquele sermão e repetiam o tema sobre o qual o Santo tinha pregado. Não posso duvidar do fato, porque eles o tinham visto com seus olhos e ouvido com seus ouvidos".

Em fins de 1226, provavelmente em setembro, o Ministro provincial do Sul da França convocou os Frades para um capítulo na cidade de Arles. Convidou Frei Antônio para fazer o sermão de interiorização. Na Itália Francisco vivia suas últimas semanas. O biógrafo de São Francisco conta o fato acontecido em Arles: "Os Frades da província da Provença estavam celebrando o capítulo. Havia entre eles um irmão sacerdote, célebre pela fama e mais célebre por sua vida. Chamava-se Frei Monaldo. Sua virtude, fundamentada na humildade e auxiliada pela oração frequente, era protegida pelo escudo da paciência. Estava participando do capítulo também Frei Antônio, a quem o Senhor abrira a inteligência para compreender as Escrituras, e que falava de Jesus a todo o povo com palavras mais doces que o mel e o favo. Enquanto Frei Antônio estava pregando com fervor e devoção aos Frades sobre as palavras de Jesus Nazareno Rei dos Judeus, o referido Frei Monaldo olhou para a porta da casa em que os Frades estavam reunidos e viu com seus próprios olhos o bem-aventurado Francisco elevado no ar, com as mãos abertas em cruz, abençoando os Frades. Todos se sentiram cheios de consolação do Espírito

Santo e acreditaram alegremente quando ouviram falar da presença do glorioso pai".

Francisco confirmando Antônio, que falava do Crucificado. Nesse capítulo de Arles Frei Antônio de Lisboa foi eleito Ministro provincial do Sul da França, responsável por todos os Frades daquela região. Enquanto isso, em Assis, na tarde do dia 3 de outubro, Francisco deixava a terra em troca da glória celeste.

12
MINISTRO PROVINCIAL NO NORTE DA ITÁLIA

Logo após a morte e o sepultamento de Frei Francisco em Assis, Frei Elias de Cortona, o vigário-geral, escreveu carta a todos os Frades e convocou os Ministros provinciais para um capítulo em Assis, na festa de Pentecostes de 1227, para eleger o sucessor de Frei Francisco no governo geral da Ordem. Frei Antônio de Lisboa era, então, como vimos, Ministro provincial da Provence, ou seja, de todo o sul da França. Ao receber a convocação, pôs-se a caminho, provavelmente fazendo a pé a estrada que levava ao porto de Marselha. Até se contam fatos milagrosos ao longo dessa viagem, como o da mulher que hospedara Frei Antônio e seu companheiro. Ao buscar para eles uma jarra de vinho na adega, por nervosismo diante de famoso hóspede, esqueceu a torneira do tonel aberta. Todo o vinho escorreu. Desesperada, contou o fato aos dois Frades. Frei Antônio teria posto a cabeça entre as mãos e feito uma oração. Mandou a mulher olhar a adega e ela a encontrou enxuta e o barril novamente cheio.

Do porto de Marselha Frei Antônio alcançou de navio a Itália e lá estava ele na festa de Pentecostes, que naquele ano caiu no dia 27 de maio. Os Ministros provinciais elegeram como sucessor de Frei Francisco a Frei João Parente, então Ministro provincial de Portugal e Espanha. Fora justamente Frei João Parente quem recebera Frei Antônio de Lisboa na Ordem, em Coimbra e lhe dera licença de ir missionar em Marrocos. Frei João não era dos primeiros doze companheiros de Francisco, que foram juntos a Roma pedir a aprovação do papa Inocêncio III, mas estava entre os primeiros seguidores. Nascido em Florença, formado na escola de juristas em Bolonha, era juiz na cidade de Civittà Castelana, quando deixara o mundo e se fizera Frade. Além de bom jurista, era conhecido como homem de muito bom senso, paternal e jeitoso no trato com os Confrades.

Nesse Capítulo se insistiu muito na formação teológica dos novos noviços, porque continuava forte o perigo das heresias. É muito provável que Frei Antônio tenha tomado a palavra várias vezes no capítulo em defesa da teologia, o estudo que não feria a simplicidade, mas a levantava ao nível da sabedoria, isto é, do gosto pelas coisas de Deus. Francisco sempre considerara a simplicidade irmã da sabedoria.

No Capítulo, como previa a Regra, todos os Ministros provinciais depuseram seus cargos para que o novo Ministro Geral recompusesse o quadro dos que governariam os Frades em todas as regiões onde moravam. Assim, Frei Antônio de Lisboa deixou de ser Ministro do sul da França, e foi nomeado Ministro do norte da Itália, que abrangia as regiões da Romanha, da Emília, da Lombardia, do Vêneto. O Vêneto comportava cidades como Veneza, Verona, Pádua. A Lombardia tinha Milão, Brescia e muitas outras. Na Emília-Romanha estavam Bolonha, Ferrara, Parma, Ravena, Rimini. Havia Frades por toda a parte, quase sempre em Conventos pobres, na periferia, às vezes emborcados na encosta pedregosa e erma de uma montanha, mais grutas que casas. O trabalho de Frei Antônio agora era, portanto, ir de Convento em Convento, animar os Confrades, orientá-los na evangelização e cuidar de seus estudos teológicos.

Não temos o roteiro de Frei Antônio nos anos 1227-1230, a não ser o fato de em 1228 ter ido a Roma a serviço da Ordem e ter pregado na presença do papa Gregório IX. Mas sabe-se que nas visitas que fazia aos Conventos, sempre pregava ao povo.

Todas as cidades e vilas do norte da Itália guardam a lembrança de alguma igreja ou de alguma praça onde teria pregado Frei Antônio de Lisboa. Assim em Ferrara se conta que Frei Antônio foi chamado para apartar uma briga de casal. Nascera um menino e o pai se negava a aceitá-lo, porque dizia que não era dele, mas fruto de uma traição da mulher. A briga estava feia, quando chegou Frei Antônio e pegou o recém-nascido no colo e lhe pediu, em nome de Deus, que apontasse quem era seu pai entre os homens que ali estavam. E o bebê apontou com o dedo e disse ao homem ciumento: "Este é meu pai". E Frei Antônio aproveitou para fazer um sermão sobre o amor dos casais.

Cremona se lembra de Frei Antônio construindo um conventinho novo para os Frades. Passou por lá um homem com seu carro de bois. Frei Antônio lhe pediu o favor de transportar algumas pedras de um lugar para outro, um trabalho rápido. Mas o homem negou-se, dizendo que estava levando um defunto no carro. No carro, deitado, dormia o filho. O homem se foi e mais adiante, quando chamou pelo filho que dormia, encontrou-o morto. Aos gritos e prantos voltou atrás e pediu desculpas a Frei Antônio que, serenamente, traçou o sinal da cruz sobre o cadáver e o cadáver voltou à vida.

Florença recorda um enterro soleníssimo de um senhor muito rico. Frei Antônio foi chamado para benzer o defunto e celebrar as exéquias. Igreja apinhada de gente. Frei Antônio começa a pregar sobre a frase de Jesus "onde está o teu tesouro aí estará o teu coração". O tom foi crescendo sempre mais contra a ganância, a usura e o roubo, até que, apontando para o solene catafalco, onde estava o corpo do rico, gritou: "Vocês estão sepultando um homem sem o coração! Podem abrir seu peito que vocês não encontrarão nele o coração, porque o coração está em casa, no cofre". Para espanto geral, de fato, o coração foi encontrado no cofre entre moedas e promissórias de devedores.

Os hereges continuavam numerosos no norte da Itália. Um dia, um grupo deles resolveu envenenar o Santo, justamente para provar que ele não era santo. Se santo fosse, não haveria de morrer, porque Jesus prometera: "Se tomarem algum alimento envenenado não lhes fará mal" (*Mt* 16,18). Convidaram Frei Antônio para um almoço. Assim como Jesus comia com os pecadores, Frei Antônio não via por que não aceitar o convite deles. E foi. Desconfiou dos alimentos envenenados. Fez larga admoestação aos hereges sobre o pecado da mentira e da falsidade. Eles se desculparam, dizendo que queriam provar a veracidade da frase de Jesus que o veneno não faria mal a um santo. Frei Antônio, então, traçou o sinal da cruz sobre o alimento envenenado e o comeu tranquilamente. E o veneno não lhe fez mal. Os hereges, impressionados e envergonhados, converteram-se à fé católica.

Frei João de Rigauld, que era de Limoges, na França, e que ainda conheceu alguns companheiros de Frei Antônio, na biografia que escreveu conta, 60 anos depois da morte de Antônio, alguns milagres que as outras biografias não tinham contado. Entre eles escreve que nesse tempo em que Antônio era Ministro provincial no norte da Itália, não deixava de passar horas diariamente no confessionário, sobretudo depois das pregações. E diz: "Cerca do ano do Senhor de 1292, um homem de avançada idade referiu a um Frade Menor que tinha visto o bem-aventurado Antônio. E, sendo ladrão e assaltante e do número dos doze ladrões que habitavam nas florestas para saquear e despojar os viandantes, todos os doze ladrões, tendo chegado a seus ouvidos a fama da pregação do Santo, puseram-se de acordo em assistir a sua pregação em um dia determinado, com vestes disfarçadas. Não podiam acreditar nos que afirmavam que sua palavra era de tal modo eficaz que parecia arder como a tocha fumegante dum novo Elias. Chegam em um dia em que ele pregava e, tendo ouvido durante algum tempo sua palavra inflamada, começaram a sentir pungente remorso e arrependimento de seus crimes. Terminado o sermão, confessaram-se de seus pecados e roubos. Tendo-os o Santo ouvido um a um e imposto a cada um uma salutar penitência, proibiu-os de voltar à vida criminosa. Se não voltassem, prometia-lhes o gozo da vida eterna, se voltassem, suplícios inauditos. Contava o mesmo ancião que alguns deles voltaram aos crimes habituais, mas depressa terminaram a vida em espantosos suplícios, como o Santo tinha predito; os que não voltaram permaneceram na paz do Senhor. Àquele ancião o Santo impôs que visitasse por doze vezes o túmulo do Apóstolo Pedro em Roma. E na décima segunda vez ao voltar de Roma, referia, desfeito em lágrimas, a um Frade, estes acontecimentos, ao longo do caminho, esperando segundo a promessa do Santo, as alegrias da vida eterna, após o curso e termo desta vida".

Frei João de Rigauld acrescenta esta observação: "Por onde ele passasse, era tão forte o desejo do povo de ouvir sua palavra doce, devota e sagrada que, enquanto o servo de Deus falava, dificilmente se ouvia um murmúrio ou ruído em uma multidão de trinta mil pessoas ou mais".

Nesse entretempo, a cidade de Assis construía uma basílica para Frei Francisco. Ele fora sepultado na igreja paroquial de São Jorge. Mas a cidade queria que seu corpo fosse levado para uma igreja própria assim que ele fosse canonizado. O Cardeal Hugolino, amigo íntimo e protetor de Francisco, incumbira a Frei Elias de Cortona, agora livre do governo da Ordem, a tomar as providências necessárias: encontrar um terreno, montar um projeto, escolher os engenheiros e arquitetos e procurar o financiamento. Muitos Frades eram contra esse movimento, porque envolvia muito dinheiro, o que certamente desagradava, se não enfurecesse, o seráfico pai. Aconteceu um fato novo: em março de 1227 o Cardeal Hugolino foi eleito Papa, sucedendo a Honório III, o Papa que aprovara a regra definitiva franciscana. O novo Papa assumiu o nome de Gregório IX e publicamente manifestou o desejo de ver pronta a nova basílica em Assis e deu todo o apoio a Frei Elias. No dia 16 de julho de 1228 Gregório IX foi de Roma a Assis e canonizou São Francisco. No dia seguinte, o Papa benzeu a pedra fundamental da nova basílica, que seria levantada na colina onde, até então, queimava-se o lixo da cidade e por isso era chamada de "Colina do Inferno" e de agora em diante chamaria-se "Colina do Céu".

Não sabemos se Frei Antônio de Lisboa esteve presente na canonização de São Francisco. Mas tudo indica que ele esteve envolvido no processo da canonização, porque fez parte de uma comissão de Frades peritos que foi a Roma na quaresma de 1228 tratar de assuntos da Ordem. Ora, o grande assunto de todos os Frades naquele ano era justamente a canonização do santo Pai. Voltaremos a falar da quaresma que Frei Antônio passou em Roma em 1228.

13 NOVAMENTE LIBERADO PARA AS MISSÕES

Na Quaresma de 1228 o Ministro geral Frei João Parente mandou uma comissão de Frades a Roma para tratar de assuntos da Ordem. Nessa comissão estava também o Ministro provincial do norte da Itália, Frei Antônio de Lisboa. As atas da Ordem não dizem quais eram os assuntos a serem tratados. Mas havia um assunto que preocupava a todos: o processo de canonização de Francisco. Nem todos os cardeais consideravam Francisco um santo. Havia quem o considerasse um rebelde dentro da Igreja, porque não se encaixava nos moldes comuns dos santos. De fato, Francisco era maior do que todas as fôrmas conhecidas. Era preciso encontrar um nicho novo para ele na assembleia dos santos. Por isso era preciso provar a veracidade dos milagres que se contavam aos montes e a sinceridade de vida que levara o santo e o conteúdo evangélico das pregações que tinha feito. Frei Antônio de Lisboa provavelmente estava na comissão para mostrar pelos textos bíblicos a integridade de vida santa do seráfico Pai.

Estando Frei Antônio em Roma e tendo fama de grande pregador, foi convidado a pregar os sermões quaresmais feitos na catedral do Papa, que era a basílica de São João do Latrão. O Papa ainda não morava no Vaticano, mas nos aposentos pontifícios junto à Basílica de Latrão. E era costume o Papa e todos os cardeais da Cúria e todos que faziam parte da chamada 'corte papal' assistirem às pregações quaresmais. Assim conta uma biografia do santo escrita em 1232, ou seja, logo depois de sua morte:

"Tendo o Ministro da Ordem enviado o servo de Deus Antônio à Cúria Pontifícia por motivo urgente da Ordem, tanto o prendou o Altíssimo com sua graça, junto dos veneráveis príncipes da Igreja, que sua pregação era escutada com sumo encanto pelo Sumo Pontífice e toda a assembleia dos cardeais. Na verdade, proferiu coisas tais e tão profundas com desusada eloquência sobre as Escrituras, que pelo próprio Papa seria denominado com uma prerrogativa familiar: Arca do Testamento. Sua linguagem, engastada em beleza e com sal condimentada, comunicava muita graça aos ouvintes. Admiravam-se os mais velhos que um homem tão jovem e iletrado ensinasse com muita sutileza as realidades do espírito em termos espirituais; olhavam-no com espanto os mais novos, quando punha de raiz ao sol as causas mínimas e as ocasiões do pecado e, com tanta discrição, semeava os bons hábitos das virtudes. Enfim, homens de todas as condições, classe e idade, ficavam radiantes em assumirem os ensinamentos da vida que lhe convinham".

O Papa chamou Frei Antônio de 'Arca do Testamento'. Arca é uma palavra antiga que significa grande baú, que guarda muita coisa. Hoje expressamos a mesma coisa com a palavra 'poço': Frei Antônio era um poço, de onde tirava baldes e baldes de ensinamento escriturístico de ambos os Testamentos.

Em um sermão em honra de Santo Antônio, proferido em 1658, o Padre Vieira comenta assim a pregação do Santo diante do Papa: "Donde lhe vinha a Santo Antônio esta tão extraordinária eficácia? Vinha-lhe do que dizia, e da voz e ação com que dizia. O que dizia eram tudo verdades, tiradas e cavadas das minas das Sagradas Escrituras, e particularmente do Evangelho. O papa Gregório IX, ouvindo-o pregar, chamou-lhe Arca do Testamento; mas disse pouco, porque a Arca do Testamento só continha as Tábuas da Lei, parte do Testamento Velho; mas na memória e no entendimento de Santo Antônio estavam encerrados os tesouros de ambos os Testamentos, e no segundo as palavras de Cristo, sobre todas as divinas, diviníssimas. Esse era o fino aço do que dizia, forjado na fornalha do coração, limado na agudeza do entendimento, e despedido pela língua em setas: 'Por tuas agudas setas tombam os povos a teus pés, ficando os inimigos do rei sem coragem' (*Sl* 44,6). Como as setas eram agudas e a agudeza não era para lisonjear os ouvidos, senão para ferir e penetrar os corações, por isso os povos inteiros caíam a seus pés".

Outro grande fato acontecido enquanto Frei Antônio de Lisboa era Ministro provincial no norte da Itália. O Ministro geral Frei João Parente convocou para a festa de Pentecostes de 1230 um Capítulo Geral, desta vez com uma razão a mais e muito especial. A nova basílica, que estava sendo construída em homenagem a São Francisco, embora não pronta, estava em condições de receber os restos mortais do santo, sepultados provisoriamente na igreja matriz de São Jorge. Não se sabe, levando em consideração o traslado, se Frei João convocou só o capítulo geral dos Ministros provinciais, ou se também os Frades que quisessem prestar homenagem a São Francisco.

O papa Gregório IX mandara dizer que queria pessoalmente celebrar a Missa do traslado. Algumas circunstâncias dificultaram a festa. A maior dela: o Papa excomungara o imperador Frederico II e com isso se arranjara muitos inimigos, os partidários do imperador. Por segurança, não foi a Assis e delegou o próprio Ministro geral para representá-lo. Outra dificuldade: espalhou-se o boato de que queriam roubar o corpo de Francisco durante o traslado e para isso estavam montando grupos de raptores. Nem podemos esquecer alguns Frades radicais que não queriam ver o corpo do Pobrezinho de Assis encerrado em uma suntuosa basílica. Frei Antônio, na qualidade de Ministro provincial do norte da Itália, esteve em Assis para o Capítulo. Temos a ata do traslado:

"Feitos todos os preparativos da grande solenidade, realizou-se a trasladação na vigília de Pentecostes, dia 23 de maio. No meio do clangor das tubas e outros instrumentos musicais, levantaram da terra o caixão de madeira que guardava o corpo do santo, e colocado em um carro vistoso, ornado à maravilha, juntas de bois cobertos de púrpura o conduziram por entre a multidão imensa do povo. Abriam o cortejo, armados, os principais cidadãos de Assis; e seguiam-nos muitos guardas e uma força militar, não fosse alguém, com manhas ou à força, roubar o insigne tesouro das relíquias ou apropriar-se de parte delas. Mas quando a imponente procissão chegou junto à basílica, surgiram outros grupos de soldados e houve tumulto. E assim que as santas relíquias entraram na igreja, foram fechadas as portas". Sabe-se que Frei Elias, com algumas autoridades apenas, sepultou os ossos de São Francisco em lugar tão escondido que só seis séculos depois foram achados.

Apesar de tudo e com muito pesar do acontecido, pesar maior dos Frades que chegaram tarde para o sepultamento apressado e escondido, o Capítulo se realizou. Durante o capítulo houve grande discussão em torno da observância radical do voto de pobreza. Parte dos capitulares dizia que o Testamento de São Francisco tinha o mesmo valor da Regra. Outros insistiam em que a Regra era a única lei a ser observada. Outros achavam que, apesar de São Francisco ter pedido que ninguém ousasse fazer acréscimos ou suavizar a Regra, o Papa podia fazê-lo e devia fazê-lo. O Capítulo mandou, então, uma comissão a Roma conversar com o papa Gregório IX e saber qual era sua opinião. A história guardou o nome dos Frades que foram mandados a Roma: Frei Antônio de Lisboa, Frei Gerardo Rusinol, Frei Haymo de Faversham, Frei Geraldo de Módena, Frei Pedro de Bréscia e Frei Leão de Perego (que mais tarde foi arcebispo de Milão). Eles foram e trouxeram para o Capítulo a decisão do Papa e todos a aceitaram.

Nesse Capítulo o Ministro geral desligou Frei Antônio do cargo de Ministro provincial e o liberou para morar onde quisesse, nomeando-o pregador de toda a Ordem, ou seja, sem limites geográficos. É então que Frei Antônio de Lisboa escolheu a cidade de Pádua para morar. Estamos no segundo semestre de 1230. É muito provável que Frei Antônio tenha pedido a dispensa do cargo. E isso por duas razões. Uma, não estava bem de saúde. Outra, tinha começado a escrever os esquemas dos sermões do ano litúrgico: domingos, dias festivos e datas especiais. Com a intenção de ajudar os jovens Frades a serem bons e frutuosos pregadores da Palavra de Deus, expressa no Antigo e no Novo Testamento. Precisava de mais tempo livre para essa tarefa. Precisava de mais sossego para a coordenação das ideias. Precisava de mais oração, porque – como dirá em um sermão – pregar a Palavra de Deus sem oração é querer tirar água de granito.

Não sabemos a data de sua chegada ao Convento de Santa Maria, em Pádua. Sabemos que de imediato se pôs a atender confissões, trabalho que fazia com muito gosto e extremo equilíbrio. Sabemos que se pôs de imediato à elaboração dos comentários bíblicos. Sabemos que não chegou como um desconhecido. Tinha sido Ministro provincial de toda aquela região, percorrera pregando em todas as cidades. Era respeitadíssimo por nobres e plebeus, clero e leigos. E tinha fama de taumaturgo. Sabemos também que voltara forte a antiga febre, ganha no Marrocos. Ela já tinha dado preocupação quando Frei Antônio estava em Limoges, tanto que teve de se internar um tempo na enfermaria de um convento beneditino. Agora se tornara companheira permanente e Frei Antônio não escondia de ninguém que esperava para qualquer momento a visita da Irmã Morte.

Apesar de enfraquecido na saúde, foi intensa a atividade de Frei Antônio em Pádua nos últimos meses de vida. Conta a biografia escrita um ano depois de sua morte: "O povo em multidão compacta de todos os lados vinha ouvi-lo. E ele pediu que se organizassem encontros diários nas igrejas da cidade. Mas, como o recinto das igrejas não bastava para receber toda a gente, já que o número crescia todos os dias, ele passou a pregar em lugares abertos e espaçosos. Das cidades vizinhas, das aldeias, dos castelos vinha uma multidão quase inumerável, de ambos os sexos, todos com suma devoção, sedentos da Palavra divina... Compareciam os velhos, acorriam os novos, homens e mulheres simultaneamente, de toda idade e condição... Por fim, até o venerável Bispo dos paduanos seguiu com devoção a pregação do servo de Deus Frei Antônio, e havendo-se tornado sinceramente modelo da grei, exortou-a a ouvir com o exemplo da humildade... Até os próprios comerciantes, pelo grande desejo de ouvi-lo, só abriam suas lojas depois das pregações".

14
FREI ANTÔNIO DE LISBOA, ESCRITOR

Frei Antônio é autor de um único livro, bastante volumoso, sobre os evangelhos lidos nas Missas no ano litúrgico. Foram-lhe atribuídos outros livros, quase todos de comentários bíblicos, mas a crítica literária conseguiu definir com clareza a autoria de um único. Ele terá começado a elaborar os comentários aos evangelhos premido pela necessidade de dar a seus estudantes de teologia esquemas de sermões. Lembremos que Frei Antônio viveu em um tempo de muita heresia e era preciso que o pregador tivesse muito conhecimento das verdades cristãs fundamentadas na Bíblia e na doutrina dos Santos Padres para rebater os hereges, muitas vezes sacerdotes também. Lembremos que os franciscanos tinham como principal missão a pregação das virtudes e das verdades da fé, portanto, contra os vícios e as heresias. Frei Antônio, como professor dos jovens Frades, sentiu a obrigação de fornecer subsídios seguros a eles.

Não sabemos quando ele começou a elaborar os comentários. Sabemos que os reviu todos e escreveu novos nos últimos dez meses de vida. Como professor que fora, devia ter muitas fichas escritas, que usava nas aulas. Sabemos também que ele preparou o livro a pedido do cardeal protetor da Ordem franciscana, o bispo de Óstia, chamado Reinaldo Conti de Jenne, que em 1254 foi eleito Ppapa com o nome de Alexandre IV e será o Papa que canonizará Santa Clara, em 1265.

Frei Antônio escreveu no prólogo do livro: "Coligi estas narrativas e as organizei de forma lógica, segundo o que me concedeu a graça divina e consentiu a frágil veia de minha ciência pequenina e pobrezinha, recolhendo com a moabita Rute, no campo do Booz, por detrás dos ceifeiros, as espigas deixadas. Fi-lo com medo e pudor, porque me sentia insuficiente para tamanha e incomparável responsabilidade. Venceram-me, porém, os pedidos e o amor dos Confrades, que a tal empresa me impeliam". É bonita a comparação que ele faz com Rute, que recolhia no trigal de Booz as espigas deixadas para trás pelos ceifeiros. No caso, Frei Antônio lembra os grandes comentários bíblicos dos Santos Padres, sobretudo Santo Agostinho, Santo Ambrósio, Santo Efrém, São Bernardo, São Gregório Magno, Santo Isidoro, São Jerônimo, São Pedro Damião: eles, como os ceifeiros de Booz, já haviam colhido o trigo bom. Aliás, Frei Antônio cita estes santos dezenas de vezes.

Houve gente que estranhou por não ter encontrado nos comentários de Frei Antônio citações de São Francisco. De fato, não há nenhuma, embora fale de virtudes queridíssimas de Francisco, como a pobreza, a simplicidade, o desapego. É que naquele tempo, e ainda nos séculos seguintes, nenhum grande autor costumava citar autores vivos e contemporâneos. Até Paulo VI (†1978) nenhum Papa citava um autor vivo em suas encíclicas e seus sermões. Não estranha, portanto, que Frei Antônio não cite frases de São Francisco.

Dentro da mentalidade de São Francisco, porém, Frei Antônio cita muitos autores pagãos, porque, na visão franciscana, todos os tempos, todos os povos, todas as culturas estão voltadas para o centro, que é o Cristo, princípio e fim de toda a criação. Assim, cita entre os autores gregos: Aristóteles e Sócrates. Entre os latinos, cita Boécio, Catão, Cícero, Horácio, Ovídio, Plínio, Sêneca, Varrão e Virgílio. Também não tem escrúpulos de citar autores do tempo do cristianismo, mas que não são enumerados entre os santos ou teólogos, como: os médicos Dioscórides e Escribônio Largo, o filósofo Filão de Alexandria, o historiador Flávio Josefo, o jurista Graciano.

Impressiona como Frei Antônio põe todas as ciências conhecidas de seu tempo a serviço da exegese, ou seja, da compreensão das Sagradas Escrituras. Em primeiro lugar a lógica, o pensamento filosófico. Mas usa da astronomia e da astrologia, da botânica e da zoologia, da medicina e da ciência jurídica, da ciência que hoje chamaríamos de linguística e até abusa do uso da simbologia. São muitos símbolos criados por ele, conforme a necessidade, para poder adaptar uma explicação ou justificá-la. Sabe-se que, onde falta a força da linguagem, entra a força do símbolo. E isso acontece inúmeras vezes na liturgia, que é a celebração da misteriosa Palavra de Deus. Frei Antônio sabia que o povo, sobretudo o povo analfabeto de letras, que era a grande maioria em seu tempo, expressa-se muito por símbolos e se faz entender por símbolos. Antônio, de fato, abusou dos símbolos. Por isso, quem hoje ler suas explicações dos evangelhos, e se não entender o significado dos símbolos ou a necessidade da linguagem simbólica, pouco ganhará de sua leitura.

Frei Antônio de Lisboa, com esse único livro, é considerado o iniciador da grande escola teológica, que passou à história, com o nome de Escolástica, que teve seu ponto mais alto nas pessoas do dominicano Santo Tomás de Aquino e do franciscano São Boaventura de Bagnoregio, ambos falecidos em 1274.

Frei Antônio escreveu seus comentários em latim. Aliás, todas as pregações eram ainda feitas em latim. Os franciscanos inovaram, pregando em linguagem popular, que era um latim simplificado. A língua italiana, como a temos hoje, nasceu exatamente nesse tempo, tanto que os linguistas não duvidam em considerar o *Cântico do Sol* de São Francisco um dos primeiros documentos em língua italiana.

A divisão do ano litúrgico no tempo de Santo Antônio é um pouco diferente da divisão que temos hoje, depois da reforma litúrgica promovida pelo Concílio Vaticano II e decretada pelo papa Paulo VI para toda a Igreja. Também as leituras dominicais e festivas nem sempre coincidem. Santo Antônio abre seus comentários com o então chamado Domingo da Septuagésima, ou seja, setenta dias antes da Páscoa. Passa à Sexagésima, à Quinquagésima, à Quaresma, à Páscoa até a festa de Pentecostes. Seria o primeiro volume. No segundo, comenta os domingos de Pentecostes, de Advento e do Natal. Em um terceiro volume, agrupa os sermões para as principais festas de Maria, que então eram: a natividade de Maria (8 de setembro), a anunciação de Maria (25 de março), a purificação de Maria (2 de fevereiro, hoje chamada de 'Apresentação de Jesus no templo') e a assunção de Maria (15 de agosto). Por fim, temos sermões para a festa de alguns santos: Santo Estêvão, São João Evangelista, Santos Inocentes, Conversão de São Paulo, Cátedra de Pedro em Roma, São Filipe e São Tiago, Santa Cruz, São João Batista e São Pedro e São Paulo. Esta parte, ou seja, os sermões para a festa de alguns santos, ele deixou pronta, mas sem a última revisão. Porque morreu exatamente trabalhando nessa revisão.

Esses sermões escritos certamente não são os pronunciados por Frei Antônio, que deviam ser muito mais vivos, mais cheios de exemplos e episódios anedóticos tirados da vida cotidiana, para prender a atenção do público. Ele mesmo lembra no prólogo: "Em nosso tempo, a estulta sabedoria dos leitores e dos ouvintes degradou-se a tal ponto, que se não encontram e não ouvem palavras elegantes, rebuscadas e altissonantes de novidades, se enfastiam da leitura e recusam-se a ouvir".

A partir de 1995, quando se celebrou o oitavo centenário de seu nascimento, os comentários de seus sermões começaram a ser traduzidos do latim para as línguas modernas. Em Portugal, Frei Henrique Pinto Rema publicou (Editorial Franciscana, Porto) uma tradução completa. E editou de duas formas. Uma em dois volumes grandes, bilíngue, em uma página o texto original em latim e noutra a tradução em português. E fez uma edição em tamanho menor, em três volumes, só o texto em português, com muitas notas ao pé da página. E repartiu no início dos três volumes, em português, as seis primeiras biografias do Santo e o livrinho chamado *Os Fioretti de Santo Antônio*, que conta seus muitos milagres. Em 2019, a Editora Vozes de Petrópolis publicou uma nova tradução, feita a partir da tradução italiana por Frei Ary E. Pintarelli, um volume de mil e noventa páginas. Em 2021, a Editora Paulus publicou o primeiro volume, de quatro, dos Sermões, tradução parte do latim e parte do italiano feita por Paulo Augusto da Silva e Tiago José

Risi Leme. A Editora Santuário publicou em 2007 uma coleção de pensamentos tirados dos sermões de Santo Antônio, com o título *Santo Antônio mestre da vida*, que teve várias edições; é uma coletânea feita por Frei Clarêncio Neotti; os pensamentos vêm distribuídos, sob vários títulos, como: amor, alegria, avareza, bondade, humildade, Maria, paraíso, pobreza, vida etc.

Ao terminar de elaborar os comentários, o próprio Santo escreveu este epílogo: "Irmãos caríssimos, eu, o mínimo de todos vós, vosso irmão e servo, para vossa consolação, para a edificação dos fiéis e para a remissão de meus pecados, compus, como sabem, esta obra do Evangelho para o curso do ano. Por isso, humildemente peço, e pedindo, suplico que, ao lerdes esta obra, vos lembreis de mim, vosso irmão, diante de Deus, Filho de Deus, que se ofereceu no patíbulo da cruz a Deus Pai. Rogo ainda que, se encontrardes nesta obra alguma coisa que seja edificante, consoladora, bem dita, bem escrita, atribuí ao mesmo Santíssimo e bendito Jesus Cristo, Filho de Deus, todo louvor, toda a glória, toda a honra. Se, porém, encontrardes alguma coisa que seja mal escrita, sem sabor, menos bem dita, imputai-a à minha miséria, à minha cegueira, à minha insipiência. E tudo o que for encontrado neste volume digno de rasura e correção, deixo à lima da discrição dos sábios da Ordem para que o esclareça ou corrija".

Estes comentários, escritos, sobretudo, para ajudar os jovens Frades que começavam a vida de pregadores do Evangelho, deram a Frei Antônio de Lisboa o honroso título de doutor da Igreja, e justamente, o título de Doutor Evangélico. O título de doutor é dado pela Igreja a quem se distinguiu pela santidade e pela abertura de novos caminhos na reflexão teológica. Assim, Frei Antônio de Lisboa, o pregador da humildade, é posto ao lado de Santo Ambrósio e Santo Agostinho, ao lado de São Bernardo e São Gregório Magno, que foram seus mestres na interpretação dos textos sagrados.

15
FREI ANTÔNIO DE LISBOA, CONSTRUTOR DE PAZ

Frei Antônio não ficou apenas nas palavras de seus respeitados sermões. Teve algumas atitudes que ficaram na história. Algumas datam dos três anos em que foi Ministro provincial do Norte da Itália, quando estava revestido não apenas de autoridade moral, mas também jurídica. Outras aconteceram nos últimos dez meses de vida, quando passou a ser venerado por todas as classes sociais.

Famosa foi a intervenção de Frei Antônio ao decreto baixado pelas autoridades civis, determinando que só podiam casar as moças que pudessem dar o dote. Dote era uma soma de dinheiro ou uma lista de bens que a família da noiva devia dar ao noivo e a sua família. Era um costume bastante espalhado na Europa daquele tempo e ainda hoje em uso nalguns países da Ásia e da África. Esse decreto tinha uma consequência imediata: as moças pobres não podiam contrair matrimônio e fazer família. Estavam obrigadas a serem mães de bastardos. Frei Antônio reagiu forte contra esse decreto injusto, conseguiu a revogação. Isso lhe deu fama de protetor das moças casadouras, fama que cresceu ao longo do tempo, tornando-se até o santo casamenteiro.

Governava grande parte do Norte da Itália Ezzelino III (1194-1259), com forte poder sobre Verona, Vicenza e Pádua. Tinha fama de autoritário, violento e sanguinário. A primeira biografia de Frei Antônio diz que Ezzelino "era um senhor nobre e cruel. Sobre as gentes de Pádua exercitava violências e vexames, e fizera grande matança na população de Verona". Ao menos duas vezes Frei Antônio o enfrentou. A crônica do tempo diverge da história. Uma Crônica diz que Santo Antônio o dobrou, converteu-o. Ele teria dito aos circunstantes: "Do rosto do Padre Antônio saía resplendor de tal modo divinal, que me aterrou". O fato é que Frei Antônio nos três anos em que era Ministro provincial pôde percorrer todas as terras de Ezzelino, pregando, sem ser impedido ou incomodado por ele.

No último mês antes de morrer, Frei Antônio foi a Verona pedir a Ezzelino a libertação do Conde de São Bonifácio, que era membro da comunidade de Pádua e que fora preso com outros nobres paduanos por se oporem às atrocidades e à ganância de impostos de Ezzelino, ganância que servia para financiar a violência contra o povo pacífico e escravizado. Frei Antônio voltou frustrado a Pádua, porque nada conseguiu desta vez de Ezzelino. O conde foi libertado só em setembro de 1232, quando Antônio já estava canonizado santo. E todos se convenceram que tanto o conde quanto a cidade se libertaram do tirano Ezzelino por intercessão do Santo. E isso aconteceu durante a festa de Santo Antônio de 1232. Os Frades em torno da sepultura do Santo rezavam pela retirada das tropas de Ezzelino e pelo retorno da paz. E todos ouviram de dentro da sepultura a voz conhecida de Frei Antônio: "Alegrai-vos, porque no oitavo dia de minha festa, Pádua recobrará sua antiga liberdade!" E assim aconteceu e por isso, diz o cronista, todos os anos o oitavo dia da festa é dia de agradecimento ao Santo pela paz na cidade. Ezzelino continuou a praticar guerra e violência até sua morte em 1259, mas nunca mais ousou apossar-se de Pádua.

Vamos falar de dois casos que depois da morte de Frei Antônio foram contados e deram a ele a fama de protetor dos correios. O primeiro caso é de 1231. Frei Antônio, sentindo-se muito cansado, escreveu uma carta ao Ministro provincial, pedindo licença para se recolher a algum lugar bem sossegado e longe das multidões, para descansar e suavizar a febre insistente. Precisava da licença para morar um tempo fora do Convento e das obrigações do Convento. Deixou a carta sobre a mesa e foi pedir ao guardião que ficasse atento nalgum portador. Sabemos até que o Ministro provincial se chamava Frei Alberto de Pisa. Não sabemos em que cidade ele se encontrava naqueles dias. Encontrado um portador, Frei Antônio foi ao quarto buscar a carta. E diz a biografia: "por mais que a procurasse no lugar em que a deixara, não conseguiu encontrá-la". Então pensou consigo: Deus não quer que eu me afaste de Pádua. Voltou ao guardião e lhe disse que não mais mandaria a carta e dispensasse o portador. Continua a biografia: "Passados alguns dias, quantos eram necessários para que um mensageiro chegasse ao Ministro e trouxesse uma resposta, Frei Antônio recebeu uma carta dele, respondendo precisamente que lhe permitia retirar-se para um lugar sossegado para o bem de seu corpo e de seu espírito".

Outro fato aconteceu em um dia em que pregava um dos sermões da Quaresma em Pádua. O diabo, disfarçado de carteiro, entrou na igreja enquanto ele pregava e entregou uma carta a uma senhora que o ouvia atentamente. A mulher abriu a carta e nela se dizia que o filho havia sido assassinado e até dizia o lugar do crime e onde estava o corpo. Evidente que houve tumulto na igreja. Frei Antônio parou o sermão e disse em voz alta à senhora: Não é verdade que seu filho está morto. O carteiro que lhe entregou a notícia é o demônio disfarçado e aqui veio para perturbar nossa reflexão. E todos viram o diabo se esvair em um rolo de fumaça mal perfumada. De fato, o filho estava vivo. Os dois fatos deram origem à fama de Santo Antônio de proteger os carteiros e levar as cartas a seu destino.

No famoso sermão que fez aos peixes em 1654, imitando Santo Antônio, o padre Vieira aponta quatro grandes inimigos da paz do coração, fundamento da paz social. Com elegância faz a língua de Santo Antônio libertar a sociedade dos quatro males, a soberba, a vingança, a cobiça e a sensualidade: "Quem haverá que não admire a virtude daquele peixinho, tão pequeno no corpo, e tão grande na força e no poder que, não sendo maior que um palmo, se se pega ao leme de uma nau na Índia, apesar das velas e dos ventos e de seu próprio peso e própria grandeza, aprende e amarra mais que as mesmas âncoras, sem se poder mover nem ir por diante. Oh, se houvera uma rêmora na terra que tivesse tanta força como a do mar, que menos perigos haveria na vida, e que menos naufrágios no mundo! Se alguma rêmora houve na terra, foi a língua de Santo Antônio, na qual, como na rêmora, verifica-se o verso de São Gregório Nazianzeno: apesar de pequena, a língua com sua força vence tudo. O Apóstolo São Tiago, naquela sua eloquentíssima epístola, compara a língua ao leme da nau e ao freio do cavalo. Uma e outra comparação juntas declaram maravilhosamente a virtude da rêmora, a qual, pegada ao leme da nau, é freio da nau e leme do leme. E tal foi a virtude e força da língua de Santo Antônio.

O leme da natureza humana é o alvedrio, o piloto é a razão: mas quão poucas vezes obedecem à razão os ímpetos precipitados do alvedrio? Neste leme, porém, tão desobediente e rebelde, mostrou a língua de Antônio, quanta força tinha, como rêmora, para domar e parar a fúria das paixões humanas. Quantos, correndo fortuna na Nau-Soberba, com as velas inchadas do vento e da mesma soberba – que também é vento – iam se desfazer nos baixos, que já rebentavam por proa, se a língua de Antônio, como rêmora, não tivesse mão no leme até que as velas se amainassem, como mandava a razão, e cessasse a tempestade de fora e de dentro?

Quantos embarcados na Nau-Vingança, com a artilharia abocada e os botafogos acesos, corriam enfunados a dar-lhe batalha, onde se queimariam ou deitariam a pique, se a rêmora da língua de Santo Antônio lhes não detivesse a fúria, até que, composta a ira e o ódio, com bandeiras de paz se salvassem amigavelmente?

Quantos navegantes na Nau-Cobiça, sobrecarregada até as gáveas, aberta com o peso por todas as costuras, incapaz de fugir nem se defender, dariam nas mãos dos corsários, com perda do que levavam e do que iam buscar, se a língua de Santo Antônio os não fizesse parar como rêmora, até que, aliviados da carga injusta, escapassem do perigo e tomassem porto?

Quantos na Nau-Sensualidade, que sempre navega com cerração, sem sol de dia nem estrela de noite, enganados do canto das sereias, e deixando-se levar da corrente, iriam-se perder cegamente ou em Sila, ou em Caríbdis, onde não aparecesse navio nem navegante, se a rêmora da língua de Santo Antônio os não contivesse até que esclarecesse a luz e se pusessem em via. Esta é a língua, peixes, de vosso grande pregador, que também foi rêmora vossa, enquanto o ouvistes, e porque agora está muda – posto que ainda se conserve inteira – veem-se e choram na terra tantos naufrágios".

Frei Antônio decidira pregar todos os dias da Quaresma de 1231. Uma de suas biografias diz: "Chamava os brigados à reconciliação fraterna; promovia a libertação dos presos; obrigava a restituir as usuras e as rapinas violentas; se as casas e os campos estivessem penhorados, mandava depor a seus pés o preço; e obrigava que trouxessem e pusessem a seus pés também das coisas roubadas, fosse por rapina, fosse por estelionato e as restituía aos espoliados; mandava fechar os meretrícios e tirava do crime os ladrões e salteadores. Ao terminar os quarenta dias havia feito uma grande colheita para o Senhor. E não posso deixar de lembrar que ele levava grande multidão de ambos os sexos a confessar os pecados que nem o grande número de Frades que o acompanhavam junto com outros sacerdotes eram suficientes para ouvir as confissões". Aliás, Santo Antônio disse em um de seus sermões que a recompensa do bom pregador é a fila de confissões que se forma depois do sermão.

Outra biografia diz: "Naquela Quaresma se verificaram reconciliações de inimizades de morte, libertação de pessoas detidas há muito tempo, restituição de roubos e usuras, devolução de penhores e perdão de dívidas. Cada um pedia conselho segundo o gênero dos próprios pecados e se submetia lealmente aos conselhos do homem de Deus".

Outra biografia completa a impressão de que o autor teve dessa Quaresma de 1231: "Quero crer que não haveria coração, por mais empedernido e inflexível, duro como o diamante ou rijo como o ferro, que não se sentisse inteiramente amolecido e soluçando de arrependimento, ao ouvir ameaças tão duras e terríveis sobre as penas do inferno que Frei Antônio, insigne arauto de Cristo, sabia representar ao vivo ou então ao vislumbrar, a partir de suas palavras doces e melífluas, as alegrias do paraíso, as quais ele se empenhou em descrever com toda a vivacidade".

16
ÚLTIMO MÊS DE VIDA

Já lembramos que Frei Antônio pedira licença ao Ministro provincial de se retirar, após as cansativas pregações quaresmais e as muitas horas de atendimento no confessionário, para um lugar sossegado, sem acesso ao povo, para um descanso físico e retiro espiritual. Uma das biografias fala que o atacara a hidropisia. Não sabemos se foi essa a doença que o prostrou ou se a antiga e nunca curada febre, tipo malária, contraída em Marrocos. Talvez as duas. Antônio não era um homem franzino, como muitas imagens hoje costumam mostrar. O reconhecimento de seus ossos, em janeiro de 1981, diz-nos que era um homem corpulento, de ao menos 1,70 de altura. E dono de uma poderosa voz que se fazia ouvir em campo aberto por até trinta mil pessoas.

Terminada a Quaresma de 1231, Frei Antônio não conseguiu descansar. Continuou a pregar até Pentecostes. Então, sim, já que o povo devia ocupar-se com as ceifas, Frei Antônio se retirou com dois Confrades para uma propriedade do Conde Tiso, na localidade de Camposanpiero, nos arredores de Pádua. O Conde era conhecido de Frei Antônio, porque Frei Antônio um dia intercedera junto a Ezzelino pelo filho dele, capturado e preso em Verona.

Nos primeiros dias os três Frades se hospedaram na casa de Tiso. E foi em uma dessas noites que Tiso, passando na frente do quarto de Frei Antônio, viu luz saindo por todas as frestas. Curioso, abriu lentamente a porta e viu Antônio rindo e brincando com uma criança ao colo. E a criança disse ao Frade que Tiso os estava espiando. Era o Menino Jesus. No dia seguinte, Frei Antônio fez o conde jurar que não contaria o fato a ninguém, enquanto ele, Antônio, vivesse. De fato, Tiso só contou aos Frades o que vira depois da morte do servo de Deus. Duzentos anos depois, o escultor Donatello esculpiu a imagem de Antônio com o Menino. E a partir de então, o Menino de Belém nunca mais desceu do colo de Santo Antônio, tornando-se uma característica inseparável de sua figura de santo. Até Donatello Santo Antônio era figurado com o Evangelho na mão e uma chama saindo de seu peito, para lembrar o fogoso e ardoroso propagador do Evangelho.

Alguns dias depois, os Frades tiveram suas celas próprias, românticas e inesperadas. Descobriram na mata próxima uma espaçosa nogueira, de galhos grossos e bem abertos. Frei Antônio sugeriu e Tiso lhe armou nos galhos abertos da árvore uma pequena cela. Diz uma de suas primeiras biografias: "Assim ele, que com a alma já habitava no céu, em seus últimos dias de vida ergue-se da terra também fisicamente. E consagrando-se lá do alto às meditações sagradas e devotas orações. Purificava de todo contágio terrestre seu espírito que, em breve, se reuniria aos seres celestes". É provável que Frei Antônio não pensou no romantismo de uma cela entre os galhos de uma árvore. Ele devia estar com dificuldades de respiração. Depois de 50 dias ininterruptos de pregação, sentia falta de ar. E imaginava que o ar puro no meio de uma galhada verde lhe faria bem.

Sabemos que Frei Antônio procurou a solidão por três motivos: descansar para recuperar a saúde, dar-se um tempo de oração pessoal, já que nas últimas semanas estivera sempre rodeado de multidão, e revisar os esquemas dos sermões que escrevera para todos os domingos litúrgicos e completar alguns para os dias santos não dominicais, como o Natal, a Epifania e a Ascensão. Precisava ainda escrever os sermões para outros dias festivos para o povo, mas que não eram dias santos de guarda, como a festa dos Apóstolos, de São José, dos Santos Inocentes, de Santo Estêvão, São João Batista, Santa Cruz, Quinta e Sexta-feira Santas.

Poderíamos nos perguntar se esse trabalho de revisão e de composição não seria melhor feito em biblioteca. Não esqueçamos que a impressão dos livros só começou quase trezentos anos depois dos tempos de Frei Antônio. Santo Antônio só conheceu livros manuscritos, copiados à mão. Até a criação da imprensa, tudo se guardava na memória. Não é coisa estranha que Frei Antônio soubesse a Bíblia de cor e mais outros livros de grandes autores. Além disso, era costume ter um caderno com notas muito pessoais, com palavras-lembrete de textos colocados em forma de índice ou em uma forma que só servia para o dono do caderno. Sabe-se que Santo Antônio tinha um caderno assim, de apontamentos de textos, porque até se conta que um dia um noviço lhe roubou o caderno, pensando que, com ele, seria tão grande pregador como Frei Antônio. O aparecimento das bibliotecas fez com que o homem, confiando nelas, não se preocupasse em desenvolver a memória e, assim, a memória humana se apagou muito, como fogo que não recebe novas achas de lenha. Em nossos dias, a memória se tornou extremamente secundária, porque não a exercitamos, procurando os textos que precisamos no Google e outras fontes artificiais à disposição, sem esforço de nossa parte.

Frei Antônio não conseguiu terminar seu trabalho. A parte dos comentários das festas dos Apóstolos, por exemplo, fez apenas os sermões para São Pedro e São Paulo, São Tiago e São Felipe, porque foi 'mordido pela morte'. A expressão é dele. No sermão para o quarto domingo da quaresma diz ele que a palavra 'morte' vem de 'mordida' (em latim: *mors* e *morsus*). E diz de qual mordida: do primeiro homem que mordeu o fruto da árvore proibida e a mordida lhe trouxe a morte.

No dia 13 de junho, uma sexta-feira, Frei Antônio desceu de sua cela entre os ramos da grandiosa nogueira. Sentou-se à mesa com os dois Confrades. Passou mal durante o almoço. "A mão do Senhor caiu pesada sobre ele – diz uma de suas biografias – e ele começou a sentir que lhe faltavam todas as forças do corpo". A doença se agravou. Os Confrades tentaram ajudá-lo, mas seu corpo não conseguiu manter-se em pé. Levaram-no, então, para a cama. Pressentindo que se aproximava a hora da morte, Frei Antônio pediu a Frei Rogério levá-lo de volta a Pádua, porque não queria dar trabalho àquela casa e não queria morrer longe de seu Convento. Os irmãos concordaram, por ser a vontade dele, e aprontaram um carro de boi. Puseram palha no chão do carro e sobre a palha deitaram o servo de Deus moribundo.

No caminho, encontraram dois Frades que estavam indo para conversar com Frei Antônio ou, talvez, substituir os dois Confrades que estavam com ele. Ao verem o estado de Frei Antônio, aconselharam a não continuar caminho, mas parar no pequeno Convento de Arcella. Argumentavam que Frei Antônio não teria nenhum sossego no Convento de Santa Maria em Pádua, porque o povo, curioso, iria fazer fila para vê-lo. No conventinho de Arcella ele poderia ser assistido, porque não era lugar frequentado por muita gente. O Convento existia só para dar assistência ao mosteiro das Irmãs Clarissas. Ele não estaria em casa estranha, mas entre seus Confrades. Conseguiram convencer Frei Antônio e ele deixou-se levar ao dito conventinho.

Recolhido a uma cela, os Frades o rodearam. Frei Antônio sofreu, então, um ataque de falta de ar. Assim que melhorou um pouco, quis fazer sua confissão. Recebeu a absolvição. Um dos padres presentes lhe deu o sacramento da Unção. As biografias até contam que, depois de absolvido, Frei Antônio teria dito que nem precisava da Unção, porque se sentia totalmente reconciliado com Deus. Alegre, embora moribundo, começou a cantar a antífona do Ofício de Nossa Senhora da Glória, que começa assim: "Ó gloriosa Senhora, mais alta que os astros do céu". Enquanto cantava, mantinha os olhos fixos em certa direção, como se olhasse ao longe de onde chegaria alguma coisa grandiosa ou alguém muito esperado. O Confrade, que o sustentava para ajudá-lo na respiração, perguntou-lhe o que estava vendo. E ele respondeu: "Vejo o meu Senhor".

Agonizava Frei Antônio de Lisboa, que fora escolhido por Deus para ser luz do mundo e sal da terra. O padre Antônio Vieira, em um sermão pregado em Lisboa em 1642, discorreu longamente sobre Antônio luz e sal. E termina com esta página, que vamos ler, olhando para nosso Santo moribundo: "Se a primeira propriedade do sal é preservar da corrupção, que espírito apostólico houve que mais trabalhasse para conservar incorrupta a fé católica com a verdade de sua doutrina, com a pureza de seus escritos, com a eficácia de seus exemplos e com a maravilha perpétua de seus prodigiosos milagres?

Se a segunda propriedade do sal é, sobre preservativo, não ser desabrido, que santo mais afável, que santo mais benigno, que santo mais familiar, que santo, enfim, tenha uns braços tão amorosos que, por se ver neles Deus, desceu do céu à terra, não para lutar, como Jacó, mas para se regalar docemente?

Se a terceira propriedade do sal apostólico era não ser de uma, senão de toda a terra, quem no mundo mais sal da terra, que Santo Antônio? De Lisboa, deixando a pátria, para Coimbra; de Portugal, com o desejo de martírio, para Marrocos; da arribada de Marrocos para a Espanha; de Espanha para Itália; de Itália para França; de França para Veneza; de Veneza outra vez à França, outra à Itália, com repetidas jornadas; com os pés andou a Europa, e com os desejos a África e, se não levou os raios de sua doutrina a mais partes do mundo, foi porque ainda as não tinham descoberto os portugueses.

Se a quarta propriedade do sal foi ser sujeito das transformações dos elementos, em que santo se viram tantas metamorfoses como em Santo Antônio, transformando-se do que era, para ser o que mais convinha? De Fernando se mudou em Antônio, de secular em eclesiástico, de clérigo em religioso, e ainda de um hábito em outro hábito, para maior glória de Deus, tudo, sendo o primeiro em quem foi crédito a mudança, e a inconstância virtude.

Finalmente, se a última propriedade do sal é conseguir seu fim desfazendo-se, quem mais bizarra e animosamente que Santo Antônio se tiranizou a si mesmo, desfazendo-se em penitências, com jejuns, com asperezas, com estudos, com caminhos, com trabalhos padecidos constante e fervorosamente por Deus, até que em trinta e seis anos de idade – sendo robusto por natureza – deixou de ser temporalmente ao corpo, para ser por toda a eternidade à alma, aonde vive, e viverá sem fim?"

17
FREI ANTÔNIO DE LISBOA TORNA-SE O SANTO DE PÁDUA

Era, portanto, o cair da tarde de uma sexta-feira, dia 13 de junho de 1231. Frei Antônio de Lisboa morreu cercado de seus Confrades no Convento de Arcella, não longe de Pádua (hoje bairro da cidade), que rezavam, conforme o costume do tempo, os salmos penitenciais, depois de atendê-lo em confissão e lhe ministrar a Unção. Morreu prostrado pelo retorno das febres que contraíra na África e nunca conseguira curar, acrescidas de hidropisia e dispneia (falta de ar).

Os Frades resolveram esperar a noite para transportar o corpo para a cidade. Enquanto isso, um dos Frades foi a Pádua avisar o guardião e outro saiu à procura do Ministro provincial, que não se encontrava em Pádua. Mas, quando o Frade chegou ao Convento de Santa Maria, Pádua inteira sabia da morte de Frei Antônio, porque misteriosamente os meninos da cidade saíram pelas ruas gritando: "Morreu o Santo! Morreu o Santo!"

E a multidão veio correndo para Arcella. Diz a primeira biografia que vieram "como um enxame de abelhas". Ora, Arcella pertencia geograficamente ao pequeno povoado de Capo di Ponte. Imediatamente os homens de Capo di Ponte cercaram o conventinho e quiseram o corpo para sepultá-lo no povoado. Os

Frades disseram que Frei Antônio pedira para ser sepultado no Convento de Santa Maria em Pádua e só o Ministro provincial podia tomar outra decisão. E assim passaram a noite de sexta, o sábado e o domingo. Os moradores de Capo di Ponte chegaram a destruir a ponte que ligava o povoado à cidade, para que não ousassem transportar o corpo do santo às escondidas.

Chegou o Ministro provincial. Chegou o Bispo. Chegou o Prefeito. Chegaram os maiorais da cidade. Chegaram os advogados de ambos os lados. Enquanto discutiam e combinavam o que fazer "a multidão crescia, vinda dos arredores e de longe, e todos queriam ver o corpo do Santo. Quem pudesse tocá-lo uma vez convencia-se que seria feliz pelo resto da vida. E se, por causa da multidão, alguns não podiam aproximar-se do corpo, atiravam pela janela cintos e cordões, anéis e colares e outros adornos; outros, pendurando estas coisas em varas compridas, esticavam da janela para que elas tocassem o corpo do Santo para depois conservá-las como coisas santas".

A reunião das autoridades civis e religiosas se prolongou ao longo de toda a segunda-feira. Havia quatro dias que o corpo de Frei Antônio continuava insepulto. A esta altura as Irmãs Clarissas de Arcella quiseram contornar a situação e ofereceram seu cemitério para o sepultamento. Mas o Ministro provincial ficou firme: "Frei Antônio desde que entrou na Ordem sempre permaneceu conosco. Sempre foi um Frade obediente. Ele pediu para ser sepultado no Convento de Santa Maria. É nosso costume obedecer aos bons desejos dos Confrades. Além do mais, eu sou seu provincial e tenho sobre ele o direito de exigir obediência. Mando, pois, que ele seja sepultado no Convento de Santa Maria, em Pádua!" O Bispo apoiou o Ministro. O Prefeito com todo o seu conselho determinou que se preparasse o cortejo fúnebre para terça-feira de tarde e penalizou com grande multa a quem se opusesse.

Sigamos textualmente a primeira biografia, escrita por quem participou do sepultamento: "Depois destes acontecimentos, o bispo da cidade com todo o clero, assim como o prefeito com um grande número de cidadãos, foram a Arcella e, organizada a procissão, ao som de hinos, aplausos e cânticos religiosos, com o admirável júbilo de toda a gente, transportaram o corpo do bem-aventurado Antônio através de Capo di Ponte para a igreja de Santa Maria Mãe de Deus. Os chefes do povo e os principais de toda a cidade ofereceram-se para carregar aos ombros o caixão, persuadidos de que seriam felizes por merecerem tocar, ainda que de passagem, no caixão. Por último, formou-se um cortejo enorme de povo tão grande que não havia lugar para todos na rua e por isso muitos foram correndo por outros caminhos, através das praças, aldeias e dos subúrbios da cidade, e passaram à frente da procissão. Todos os que podiam seguravam velas acesas nas mãos. E era tanta a profusão de luminárias que a cidade inteira parecia arder abrasada em fogo. Tendo chegado à igreja de Santa Maria Mãe de Deus, terminada a procissão e celebrada a Missa solene, o bispo sepultou honorificamente o corpo do bem-aventurado Antônio e, findas as exéquias, voltou a sua residência com o povo exultante de alegria".

Era terça-feira. O povo de Pádua guardou para sempre na memória aquela terça-feira. Até hoje seus devotos o veneram, sobretudo às terças-feiras. Continua a primeira biografia: "Logo no mesmo dia, foram trazidos muitíssimos doentes, com enfermidades várias, que pelos merecimentos do bem-aventurado Antônio, foram de imediato restituídos à saúde primitiva. No mesmo instante em que o doente, fosse ele quem fosse, tocava a sepultura, experimentava a alegria de se ver livre de toda espécie de enfermidade. Mas aqueles que, em virtude da multidão, não podiam permanecer diante da sepultura, quando transportados para fora das portas da igreja, saravam na praça pública à vista de toda a gente. Aí, na realidade, abriram-se os olhos aos cegos; aí o coxo saltou como a corça; aí aos surdos abriram-se os ouvidos; aí a língua dos mudos, solta, proclamava, rápida e com perfeição, os louvores de Deus. Aí, desarticulada a paralisia, consolidavam-se os membros do corpo em sua primitiva função. Aí, o corcunda, a gota, a febre e várias outras enfermidades pestíferas eram postas em fuga como que por encanto. Aí, enfim, prestaram-se aos fiéis todos os benefícios desejados".

A primeira biografia lembra que todos os dias chegavam novos e numerosos grupos para visitar a sepultura de Frei Antônio, que passou a ser chamado de Frei Antônio de Pádua. Lembra que vinham de Veneza, de Treviso, da Lombardia, da Eslovênia, da Hungria, da Alemanha e todos os grupos entravam na cidade trazendo círios e tochas nas mãos. Alguns círios eram tão grandes que não passavam em pé pela porta da igreja de Santa Maria. Outros círios trazidos eram tão pesados que vinham em carros de duas juntas de bois. É evidente o exagero. Mas até hoje se conserva o costume dos velários às terças-feiras em homenagem ao Santo, que se tornou luz do mundo. Diz a primeira biografia: "A cidade delirava com ver-se adornada de tão grandes fulgores e iluminada por tantos archotes, todos tinham a sensação de que a treva da noite se havia convertido em luminoso dia".

Ao mesmo tempo que chegavam peregrinos de todas as partes da Europa para visitar a sepultura do Santo de Pádua, a praça da igreja de Santa Maria se encheu de artistas populares, fabricantes de adornos e flores para enfeitar as velas oferecidas ao Santo e para satisfazer a necessidade daqueles que queriam levar para casa uma lembrança tocada na urna do Santo. Santo Antônio morreu no início do verão. A estação seguinte é o outono, duas estações em que rareiam as flores na Europa. Daí a presença dos fabricantes de flores artificiais. O adorno mais fabricado e mais vendido pelos ourives populares era o lírio. Faziam-no de todos os tamanhos, de todos os materiais, desde a madeira ao osso, desde o ferro ao ouro, desde o couro à casca de árvore. E foi assim que o lírio se ligou à imagem de Santo Antônio de Pádua. E de forma definitiva quando o escultor florentino Donatello (1386-1466) esculpiu a famosa estátua de Santo Antônio de Pádua com um galho de lírios na mão. A partir de então, os lírios foram usados por todos os pintores e escultores para caracterizar o Santo de Pádua, ou em seus braços, ou arrumando-o sobre uma mesa vizinha ou nas mãos do Menino que ele tem no colo. Aliás, em muitas culturas o lírio é símbolo da divindade. Nos braços de Santo Antônio teria o mesmo sentido do Menino Jesus.

Mas o povo, em geral, liga os lírios à castidade, o que fica muito bem em Santo Antônio.

As crônicas do tempo dizem também que não havia Frades suficientes na igreja de Santa Maria para atender as confissões, porque ninguém conseguia sair do santuário sem arrependimento e bom propósito. Sepultado, Frei Antônio continuava sua missão de levar as pessoas de volta a Jesus, verdade, vida e caminho de todos. O Bispo de Pádua, impressionado com os milagres e as conversões, mandou uma delegação ao Papa, pedindo a abertura do processo de canonização. Dizem as crônicas do tempo que tanto o Papa quanto os curiais de Roma "ficaram atônitos e assombrados" ao ouvir a narração dos milagres e dos acontecimentos antes e depois da morte do Santo de Pádua, e nomearam uma comissão para comprovar os milagres e a fama de santidade. A comissão tinha como presidentes o bispo de Pádua, o abade beneditino do Mosteiro de Pádua e o prior dominicano do Convento de Pádua. A comissão recolheu alguns milagres comprovados, a opinião de muitos moradores de Pádua e montou um relatório completo à Cúria romana.

Chegado o processo às mãos do papa Gregório IX, que havia conhecido e ouvido pessoalmente a pregação do Santo, confiou tudo ao bispo de Sabina João Halgrin para dar um parecer final. Diz a primeira biografia do Santo: "Este senhor, atuando cuidadosa e rapidamente sobre o que lhe tinham pedido, promoveu a causa com muita solicitude e, em um espaço de tempo inesperado, desembaraçou-se muito bem do exame e da aprovação dos milagres". Todos os cardeais apoiaram o parecer do bispo de Sabina, e Gregório IX marcou a canonização de Frei Antônio para a festa de Pentecostes de 1232 que, naquele ano, caía no dia 30 de maio. E marcou a cerimônia da canonização para a Catedral de Espoleto, não longe de Assis. Faltavam 13 dias para se completar um ano da morte de Frei Antônio de Lisboa, agora já conhecido e aclamado como Santo Antônio de Pádua.

Diz uma das primeiras biografias do Santo: "Presente o Papa, presente o colégio cardinalício envergando paramentos suntuosos, e presentes bispos de várias partes do mundo, além de uma grande multidão de povo. Depois de lidos em público e aprovados os milagres, de pé e as mãos estendidas para o céu, o Pontífice invocou o nome da Santíssima Trindade e, em seguida, inscreveu o beatíssimo sacerdote e confessor de Cristo, Antônio, no catálogo dos santos e mandou que sua festa se celebrasse solenemente todos os anos no dia 13 de junho, dia de sua morte".

18
O SANTO DOS MILAGRES

Quando você chega a Pádua e quer ir à basílica de Santo Antônio basta perguntar pela igreja do Santo. Santo, em Pádua, é Santo Antônio. Em 1658, o padre Vieira, pregando na festa do Santo em São Luís do Maranhão, explicava: "Oh! excelência grande de Antônio! Não digo bem: Oh! excelência grande do Santo entre todos os santos! São Francisco, seu santo padre, chama-se santo; mas com aditamento, São Francisco; São Domingos, companheiro e irmão do mesmo São Francisco, chama-se santo; mas santo com aditamento, São Domingos. Os dois filhos dos mesmos pais, doutores e lumes da Igreja, o angélico e o seráfico, também se chamam santos, mas santos com aditamentos, um Santo Tomás, outro, São Boaventura; porém Santo Antônio singular entre todos, Santo sem aditamento, e por isso, com muita razão, Santo Antônio de Pádua, porque só Pádua lhe acertou com o nome próprio, sendo que teve muitos nomes. Em Lisboa se chamou no batismo Fernando, em Coimbra, na mudança do hábito se chamou Antônio; e só Pádua lhe acertou com o verdadeiro nome, Santo, e mais nada, porque é mais que tudo: Santo sem acréscimo".

Nosso Santo fez muitos milagres em vida e muitíssimos depois da morte e continua um santo milagroso. Já contamos alguns milagres. Neste capítulo, vamos ler os milagres que foram aprovados para sua canonização. Eles vêm elencados em certa ordem na biografia escrita pelo escritor e compositor Frei Juliano de Espira: "Os milagres aprovados solenemente encontrei-os escritos em um amplo tratado com os nomes das pessoas e as diversas circunstâncias em que se verificaram. Quero agora acrescentá-los sumariamente, resumidos, neste opúsculo. Aí se encontra o relato de dezenove aleijados de vários modos curados; cinco paralíticos restabelecidos e outros tantos curados de deformidades; seis cegos que recuperaram a vista; abertos os ouvidos de três surdos e soltas as línguas a outros tantos mudos; dois libertados da loucura; dois ainda de febres e, por fim, dois mortos miraculosamente ressuscitados.

Alguns outros milagres que não posso resumir assim esquematicamente, expô-los-ei em breves palavras, um por um. Uma mulher, caindo na água, invocou Santo Antônio, e enquanto todos os que a tiraram para fora ficaram molhados, só ela conservou completamente enxutos o corpo e os vestidos. Uma outra mulher, desejosa de visitar o túmulo do Santo e não podendo largar seu posto de trabalho – estava encarregada de vigiar o milho dos bandos de pássaros – consegue que o milho fosse totalmente livre da praga dos passarinhos comilões, depois de ter prometido visitar nove vezes o túmulo do Santo.

Alguns navegantes, aflitos com um naufrágio no mar e já sem esperança, depois de confessados, dirigiram-se a Santo Antônio e foram conduzidos rapidamente a porto de salvação, precedidos dum raio bem visível de luz. Uma religiosa da Ordem das Senhoras Pobres, que temia muitíssimo o fogo do purgatório, por intercessão de Santo Antônio tinha conseguido expiar totalmente os seus pecados nesta vida; entretanto, era atormentada de atrozes sofrimentos de que foi libertada por intervenção das outras Irmãs, ainda graças a Santo Antônio. Uma criança fora curada de um perigoso tumor no pescoço porque sua mãe tinha feito por ela uma promessa ao servo de Cristo; mas foi ferida de novo com a mesma doença porque a mãe se descuidara de cumprir a promessa. Repetido e cumprido o voto, a criança recuperou a saúde.

Um cavaleiro, enredado na heresia desde a mais tenra idade, enquanto sentado à mesa, ouviu falar dos prodígios do Santo, por escárnio lançou ao chão o copo de vidro que tinha na mão, dizendo: "Se Antônio for capaz de conservar intato este copo, acreditarei que ele é santo". O copo, ainda que caindo no chão de pedra, ficou miraculosamente intato e ele logo renunciou ao erro, começou a crer em Cristo com uma fé muito grande.

Um eclesiástico que gracejava da investigação dos milagres foi acometido de doença gravíssima, por fim, feita uma promessa a Santo Antônio, recuperou a saúde e, ensinado pela experiência pessoal, tornou-se testemunha pública da santidade de Antônio. Muitos outros milagres foram realizados por Santo Antônio, não menos autênticos dos que enumeramos, ainda que não estejam entre os aprovados para a canonização".

Os paduanos começaram a construir uma igreja nova para abrigar as multidões de devotos. Ela ficou pronta em começos de 1263. Marcou-se o translado dos ossos de Santo Antônio para o dia 7 de abril. De Roma viajou a Pádua o Ministro geral da Ordem, que era Frei Boaventura de Bagnoregio, grande teólogo, poeta, místico, que mais tarde seria canonizado e declarado doutor da Igreja. Ao abrirem a urna, encontraram no meio do crânio "a língua fresca, rubicunda e formosa, como se o bem-aventurado tivesse morrido naquela hora". A frase é de uma crônica do tempo, escrita por quem estava presente. Continua a crônica: "O honrado varão Frei Boaventura, assistindo à dita transladação, com muita reverência pegou a língua do Santo em suas mãos, e banhado em lágrimas de alegria, começou a falar ao povo e pronunciou estas palavras dulcíssimas: Ó língua bendita, que sempre a Deus louvaste e bendisseste, e aos outros ensinaste a louvar e bendizer, agora claramente vemos quantos foram teus méritos junto de Deus!"

Até hoje se pode ver a relíquia intata, posta em um precioso relicário, obra-prima de Juliano de Florença, venerada na Basílica do Santo em Pádua. A basílica que temos hoje é a mesma, remodelada em 1310, quando também foi feita nova urna para o corpo do Santo e sobre ela se construiu um altar para a celebração da Missa. Hoje o altar da celebração está separado da urna. A basílica tem 115m de comprimento e largura máxima de 55. As agulhas das torres alcançam 68 metros.

Em janeiro de 1981, uma comissão científica analisou os ossos do Santo, depois de tantos séculos sepultados. Ao abrirem a sepultura, encontraram a urna intata e ainda com os sigilos lacrados em 1263, quando pela primeira e última vez inspecionaram a urna, na presença do Ministro geral São Boaventura. Foi essa comissão que chegou à conclusão de que Antônio devia ter ao menos 39 anos e seis meses ao morrer e não 36 como as crônicas da morte sempre afirmaram. Não temos nenhum documento que afirme o ano de seu nascimento. Essa comissão também, pela medição dos ossos, chegou à conclusão de que Antônio tinha ao menos um metro e setenta de altura. A comissão remontou o esqueleto, que foi novamente posto em urna lacrada e sepultado.

A devoção a Santo Antônio é um fenômeno. Espalhou-se por todos os países do mundo. Por isso o papa Leão XIII o chamou de 'Santo do mundo inteiro'. O padre Vieira, em um sermão pregado no dia 13 de junho de 1658, em São Luís do Maranhão, dizia: "Neste mesmo dia, e nesta mesma hora em que nós celebramos a Santo Antônio na América, celebram-no e festejam com muito maiores demonstrações de solenidade na Europa, na África e na Ásia todas as nações e todos os estados do mundo. E por quê? Porque nenhuma nação nem estado há nele, grande ou pequeno, que nos trabalhos e nas necessidades, a que todos estão expostos, não invoque e chame por Santo Antônio; e nenhuma voz há dos que o invocam, a que ele não responda: Aqui estou. É verdade que o não vemos com os olhos, mas vemo-lo nos efeitos. Isso é ser invisível como espírito, e efetivo como consolador. E se não, digam-no todos em todo o tempo e lugar. Os lavradores no campo, os navegantes no mar, os soldados na guerra, os mercantes nos comércios, os pleiteantes nas demandas, os requerentes nos despachos, os presos nos cárceres, os cativos nas masmorras, os enfermos nas doenças, os agonizantes na morte, e até os mortos nas sepulturas, porque não há lugar nem estado tão alheio de toda a esperança e remédio, a que as consolações deste Paráclito universal se não estendam".

A fama de Santo Antônio milagroso (diz-se 'taumaturgo' quem faz milagres) ele a teve em vida, no sepultamento e muito mais nos dias de hoje. Logo depois da canonização de Santo Antônio, o poeta, músico e místico franciscano Frei Juliano de Espira, que era alemão, compôs os hinos para a festa do Santo. Uma das antífonas ficou na história: transformou-se em um responso, ou seja, em uma oração repetida para afastar os males e pedir a proteção do céu. É conhecida pelas primeiras duas palavras em latim: *Si quaeris*. Temos dela muitas traduções para o português. Dou a tradução brasileira de Amélia Rodrigues, que foi musicada por Frei Basílio Röwer e é cantada pelo Brasil afora, às terças-feiras:

Se milagres tu procuras,
Pede-os logo a Santo Antônio:
Fogem dele as desventuras,
O erro, os males e o demônio.

Torna manso o iroso mar,
Da prisão quebra as correntes,
Bens perdidos faz achar
E dá saúde aos doentes.

Aflições, perigos cedem
Por sua intercessão.
Dons recebem, se lhos pedem,
O mancebo e o ancião.

Em qualquer necessidade
Presta auxílios soberanos.
De sua alta caridade
Fale a voz dos paduanos.

Glória seja dada ao Pai
Glória ao Filho, nosso Bem.
E glória ao Espírito Santo
Pelos séculos sem-fim. Amém!

19
SANTO ANTÔNIO, ACHADOR DAS COISAS PERDIDAS

Já em vida, Santo Antônio tinha fama de achador das coisas perdidas. Fala-se de seu caderno de apontamentos, que foi roubado por um noviço, e Frei Antônio obrigou o diabo a ir atrás do rapaz e fazê-lo devolver o roubo. Ou seja, Antônio tem poder de mando até sobre os demônios. Quem pode o mais, diz o povo, pode também o menos. Mas sua fama vinha, sobretudo, pelo poder que tinha de trazer de volta para a prática religiosa as almas distanciadas e até perdidas pela heresia, pela ignorância e pelo pecado.

O padre Vieira, em seus nove sermões em honra de Santo Antônio, volta e meia se refere ao dom do Santo em achar as coisas perdidas. No sermão que pregou em São Luís do Maranhão, em 1657, que ele mesmo intitulou 'Santo Antônio deparador das coisas perdidas', diz ao povo: "Ser Santo Antônio entre todos os santos o deparador das coisas perdidas é uma graça tão singular e um privilégio tão soberano, que parece que Deus deu a Santo Antônio melhor ofício do que tomou para si. Deus, como autor de todos os bens, é o que os dá; e quando esses bens se perdem, Santo Antônio, como deparador, é o que os recupera, e não há dúvida de que todas as coisas são mais estimadas e de maior gosto quando se recuperam depois de perdidas, que quando se possuem sem se perderem".

No sermão que pregou também em São Luís, alguns anos antes, em 1653, e que ele chamou de 'Um Santo Sacramentado', recorda que Santo Antônio não só acha as coisas perdidas, mas ajuda em muitas outras circunstâncias apertadas. Assim: "Muitos cuidam que se aproveitam das maravilhas de Santo Antônio, empregando a valia deste Santo para o remédio das coisas temporais, e isto é desperdiçá-las. Se vos adoece o filho, Santo Antônio; se vos foge o escravo, Santo Antônio; se mandais a encomenda, Santo Antônio; se esperais o retorno, Santo Antônio; se requereis o despacho, Santo Antônio; se aguardais a sentença, Santo Antônio; se perdeis a menor miudeza da vossa casa, Santo Antônio; e, talvez, se quereis os bens alheios, Santo Antônio".

No sermão em que o padre Vieira fala dessa excepcional qualidade de Santo Antônio como achador de coisas perdidas, recorda aos ouvintes que não deixem de pedir que encontre de imediato a alma, se ela vier a se perder: "Em se perdendo, ou desaparecendo alguma coisa de gosto ou de valor, e também as de uso doméstico mais miúdas, ver como chamais logo por Santo Antônio, e só com dizer Santo Antônio, sem outra oração, já vós entendeis e ele entende que lhe pedis que depare o que perdestes. Verdadeiramente que, em nenhum outro exemplo, sendo tantos e tão raros os seus, admira-me mais a humildade e a caridade deste Santo que em se não dar por ofendido de semelhantes petições, e acudir, como está sempre acudindo, tão prontamente a elas. Não digo que o não façais, nem que é afrontar os poderes de tão grande Santo ocupá-lo em coisas tão baixas e tão miúdas, porque a Providência e Onipotência divina tanto mostra sua grandeza na formiga como no elefante, e tanto em criar o hissope da parede como o cedro do Líbano. O que só vos digo, e peço em nome do mesmo Santo Antônio, e o intento de todo esse sermão, em que o desejo agradar, é que ocupeis sua valia e empregueis seus poderes em que vos recupere as verdadeiras perdas, e vos depare as almas, que tão perdidas andam".

O padre Vieira termina aquele sermão sobre Santo Antônio deparador das coisas perdidas, com um belo conselho que, na verdade, foi o fio condutor de todo o sermão: "Suposto que em nosso Santo deparador temos tão pronto e tão certo remédio de ambas e de todas as almas perdidas, ou nestes, ou em qualquer outro vício, o que resta é que todas as que se acham em semelhante estado, ou perigo, recorram a seu poderosíssimo patrocínio, com segura confiança de que serão ouvidas, e, sem dúvida, remediadas.

E para que vos confirmeis mais na certeza desta confiança, ouvi o modo com que haveis de recorrer a Santo Antônio. Não haveis de pedir a este Santo, como aos outros, nem como quem pede graça e favor, sendo como quem pede justiça. Quem pede justiça a quem tem por ofício fazê-la, pede requerendo; e quem pede a dívida a quem está obrigado a pagá-la, pede demandando. E assim haveis de pedir a Santo Antônio: não só pedindo e rogando, mas requerendo e demandando: requerendo, como a quem tem por ofício deparar tudo o perdido, e demandando como quem deve e está obrigado a o deparar. E, se não, dizei-me por que atais e prendeis este Santo, quando parece que tarde em vos deparar o que lhe pedis? Porque o deparar o perdido em Santo Antônio não é só graça, mas dívida; e assim como prendeis a quem vos não paga o que vos deve, assim prendeis a ele. Eu não me atrevo nem a aprovar esta violência nem a condená-la de todo, pelo que tem de piedade. Mas dar-vos-ei outro modo com que ateis Santo Antônio muito mais apertada e fortemente.

O Menino Jesus, como aquele a quem tanto custaram as almas, também atou Santo Antônio, para que lhe deparasse suas almas perdidas. Primeiro, atou-o com a correia de Santo Agostinho, depois com o cordão de São Francisco, e ultimamente com os braços, como o vedes: Amarra com os braços, disse São Pedro Crisólogo, e este é o mais decente, o mais nobre, o mais devoto, o mais pio e o mais apertado modo de atá-lo. Lançai-vos àqueles pés descalços de Santo Antônio, abraçai-vos com ele, apertadissimamente, e dizei-lhe como Jacó: Não te largarei enquanto não me abençoares (*Gn* 32,26). Aqui estou a vossos pés, gloriosíssimo Santo, e não vos hei de largar, nem apartar-me deles, até que me comuniqueis a bênção de que Deus vos dotou entre todos os santos para remédio de tantas almas".

Desde a morte de Santo Antônio se criou uma oração curtíssima, por isso mesmo chamada de 'Breve', uma espécie de exorcismo para afastar os males de qualquer tipo e qualquer origem. O original é latim. Em Português soa assim: "Eis a cruz do Senhor! Fugi inimigos! Venceu o leão da tribo de Judá, descendente de Davi". E no tempo pascal se acrescenta o aleluia no fim. O leão é Jesus que pode me socorrer não com a violência destruidora do leão, mas com a força redentora da cruz. Muitos escultores e pintores puseram a cruz nas mãos de Antônio. Porque é dela e só dela que nos vem a salvação. Este exorcismo foi incluído na bênção de Santo Antônio que se costuma dar às terças-feiras, antes de aspergir o povo com a água benta.

Santo Antônio também é invocado para que as coisas não se percam. Ele até é invocado como protetor dos correios, sobretudo dos estafetas, para que eles encontrem os endereços certos para entregar as encomendas. Dezenas de lugares no Brasil passaram a incluir o Santo em seu nome geográfico, porque eram paradas dos estafetas. No Brasil, havia e há o costume de escrever no reverso do envelope, antes de fechá-lo e selar, as letras STG, que significam Santo Antônio te guie. Os portugueses têm o mesmo costume e escrevem RSA, que se lê: Recomendada a Santo Antônio. Os franceses escrevem R à AS: Recommandée à Saint Antoine. Os espanhóis também confiam suas cartas ao Santo, escrevendo no reverso: RSA (recomendada a Santo Antônio). Os alemães escrevem: AHA (Anempfohlen dem Heiligen Antonius – recomendada a Santo Antônio). Ninguém quer perder a encomenda enviada. E também nisso Santo Antônio tem fama de ajudar.

O padre Vieira não tem a menor dúvida de que foi Santo Antônio que expulsou os holandeses de Salvador e protegeu a Bahia: "A cidade da Bahia é cidade do Salvador, e Bahia de todos os Santos, e assim como, enquanto cidade do Salvador pertencia à defesa da cidade ao Salvador, assim, enquanto Bahia de todos os Santos pertencia à defesa a Santo Antônio. E por quê? Mais admirável ainda é o porquê, que a mesma resposta. Porque, sendo a Bahia de todos os Santos, a todos os santos pertencia a defesa dela. Logo, se a todos os santos pertencia a defesa da Bahia, por isso a defendeu Santo Antônio, porque Santo Antônio, sendo um só, é todos os santos".

Entre os muçulmanos nosso Santo é invocado como protetor da vida nascente. É comum as mulheres grávidas rezarem a ele para que a gravidez se mantenha dentro da normalidade e a criança venha ao mundo sadia. Também aqui é o Santo que ajuda aos necessitados, que a ele recorrem. Vale o dito popular: faze o bem e não olhes a quem. Rezamos no responso: "Em qualquer necessidade / presta auxílios soberanos".

Cada escritor que fala de Santo Antônio necessariamente fala dele como achador de coisas perdidas e dá exemplos do Santo em vida e do Santo ao longo dos séculos. Na verdade, não se sabe como começou o costume de recorrer a ele na aflição da procura. Mas é verdade também que ele atende quando invocado. Talvez Antônio tenha recebido de Deus este dom, porque nunca pediu nada a ninguém para si mesmo. Ao contrário, deu-se por inteiro às multidões para poder dá-las santificadas a Deus. Ele ensinou várias vezes nos sermões que não basta dar as coisas materiais, é preciso saber dar-se.

Santo Antônio em vida foi modelo de quem viveu para servir e não para ser servido, a exemplo de Jesus. Aliás, o serviço é uma característica do cristão. A Igreja existe para servir e só no serviço ela encontra sua razão de ser. Por isso ela ensina que seus filhos devem servir sempre, em tudo e a todos. Em um sermão Santo Antônio lembra que foi porque Adão não quis servir que o Filho de Deus assumiu a condição de servo e fez do serviço o caminho da salvação, por isso nenhum homem deveria se envergonhar de servir. Santo Antônio lembra que Jesus, mesmo com as duas mãos pregadas, serviu. Está aqui, na imitação de Jesus, a razão por que nosso Santo em vida esteve sempre pronto a servir e depois de glorificado nos altares continua a servir, atendendo a todos os pedidos que lhe façamos, desde encontrar um brinco perdido até reaver um empréstimo feito, desde o encontrar um trabalho desejado até receber um salário condigno. O padre Vieira lembra que erra quem pede a Antônio coisas más, como vingança, lucros exagerados, alívio de obrigações assumidas: "Nunca para destruir, nunca para ruínas, nunca para dano, castigo, perda, ou dor de alguém, mas para remédio, para alívio, para consolação, para alegria, para bem e utilidade de todos".

20
SANTO ANTÔNIO, MILITAR

É estranho um franciscano, que viveu de paz, pregando a paz e vendo a paz como o único ambiente possível da vida fraterna, fazendo, depois da morte, carreira militar, carreira ligada à baioneta, fuzil, balas que matam, mercado de armas. Antônio fez sucesso também nos quartéis da Espanha, França, Alemanha e dos países da África. Mas vamos brevemente acompanhá-lo só em Portugal e Brasil.

Quando Antônio nasceu em Lisboa, Portugal estava expulsando os mouros do território, lá plantados por duzentos anos. Depois, teve de enfrentar Castela, ou seja, a Espanha. Precisava de uma proteção celestial. Antônio, português e famoso pelos milagres, seria o santo protetor ideal. Além do mais, todos comentavam o fato de, no dia de sua canonização, os sinos de Lisboa terem tocado sozinhos, sem mando nem sineiro. E isso era um sinal de que ele amava sua terra. E foi canonizado já com fama de encontrar coisas perdidas. Ora Portugal perigava perder sua independência e a perdeu mais vezes. Seria, portanto, tarefa de Santo Antônio recuperar a liberdade perdida e velar pela soberania lusa. O exército português era muito apegado a São Jorge. Mas São Jorge era também o padroeiro do exército da Inglaterra, era o padroeiro dos exércitos de outros países que lutavam contra inimigos. Em guerra com Portugal, de que lado ficaria São Jorge? Melhor se apegar a um santo forte, com sangue português e alma lusa.

A dinastia de Avis (de 1395 a 1580) foi muito devota de Santo Antônio, não em último lugar por ter sido o Santo grande devoto da Virgem Imaculada, patrona e defensora da dinastia Avis, e ter escrito belíssimos textos sobre ela. Quando Felipe II da Espanha se apossou de Portugal e uniu as duas coroas (de 1590 a 1640), cresceu muito em Portugal a devoção a Santo Antônio, como o santo celestial achador e devolvedor das coisas perdidas, neste caso, a liberdade política.

Talvez, com medo do Santo, o Rei Felipe II escreveu uma carta ao povo de Lisboa no dia 2 de outubro de 1599, assumindo essa obrigação com Santo Antônio: "A devoção que dizeis que se tem nesta cidade com Santo Antônio, é mui devida e digna de louvor pelos grandes merecimentos deste santo e por ser ele nascido na cidade. Eu me sinto obrigado a participar dela e por isso aprovo haver na igreja, que existe na cidade na casa em que nasceu e se criou, uma Missa rezada cada dia e uma cantada cada mês. As despesas sejam pagas pela minha fazenda. E que estas Missas sejam celebradas por mim e pelos reis meus sucessores. Isto se faça também pela defesa e conservação do comércio com a Índia e pelo bem e progresso deste reino, que está a serviço de Deus e meu. E mando que as espórtulas destas Missas sejam entregues aos Oficiais da Câmara dessa cidade, para que cuidem que as Missas sejam celebradas. Vejam cada vez quanto é a espórtula e me avisem de onde pegaram o dinheiro".

Santo Antônio assumiu papel destacado nas lutas pelo restabelecimento da independência de Portugal. Um episódio acelerou tudo: no dia 1º de dezembro de 1640, durante uma Missa solene, despregou-se um braço do Cristo Crucificado na igreja de Santo Antônio, em Lisboa, a igreja construída na casa em que nascera o Santo. De imediato, o pregador transformou o acidente em um sinal do céu. Santo Antônio assumia, a pedido de Cristo, o comando das tropas portuguesas. O pregador, em um arroubo de retórica patriótica, chamou o Santo de alferes-mor do exército, que reconquistaria a liberdade contra os espanhóis.

Santo Antônio passou a ser assunto de todos os maiores pregadores sacros e de todos os oradores patriotas que incentivavam as tropas. Todos mostraram a grande capacidade de Antônio de enfrentar os inimigos e dar a vitória aos que o invocavam. E como na Missa de Santo Antônio se lia o evangelho dos doutores, que era o evangelho que falava do sal da terra e da luz do mundo, as figuras do sal e da luz em Santo Antônio se tornaram temas favoritos.

Em 1665 o poeta Jerônimo Vahia publicou suas *Décimas ao Sereníssimo Dom Afonso VI*, em que lemos:

Deixai mais listas, pois já
Santo Antônio se alistou,
Que, como seu pai livrou,
Sua Pátria livrará
Ele somente fará
Com estrago, e com ruína,
Castela sempre mofina
Pois tem para vencedor
Como português valor
Como Santo disciplina.

Ele só será bastante
A vencer nosso inimigo,
Porém não só, pois consigo
Traz sempre o melhor infante:
Já foi do mundo triunfante
Este infante que conduz,
Fazendo espada da Cruz,
Este pode o que quiser
E quer o que Antônio quer,
Por ser seu 'ai Jesus'.

Dom João V, que foi rei de Portugal de 1706 a 1750, quis declarar Santo Antônio generalíssimo das tropas portuguesas *post mortem* para sempre. O Conselho se opôs, porque Antônio em vida, não servira como soldado, embora reconhecessem todos que Santo Antônio de fato havia salvado o Reino. O rei não teve dificuldade: passou o Santo por todos os postos militares. Primeiro o promoveu a brigadeiro, depois a marechal-de-campo, depois a tenente-general e, por fim, declarou-o generalíssimo para sempre. Sua imagem passou a preceder as tropas e lhe foram prestadas as honras de que estava revestido.

Os portugueses em suas conquistas ultramarinas levaram sempre consigo Santo Antônio. Primeiro, porque o tinham como santo protetor; segundo, porque também eles acreditavam que os demônios morassem no fundo dos mares, e Santo Antônio era conhecido como santo que afugentava as forças do inferno. Dizia seu responso cantado desde sua morte: "Torna manso o iroso mar"; terceiro, tinha fama de encontrar as coisas e todos eles estavam à procura de novas terras, novo ouro, novos domínios; e não em último lugar, era um santo compatriota, modelo de missionário, forte com os fortes, fraco com os fracos, um santo que, em vida, enfrentara e vencera as tempestades do mar, a prepotência de tiranos, falara com os peixes e ressuscitara afogados. Santo Antônio entrou no Brasil pelas mãos tanto dos franciscanos quanto dos jesuítas e dos padres seculares. A primeira província franciscana no Brasil, com sede em Olinda-Recife, chamou-se Província de Santo Antônio; era jesuíta o Padre Antônio Vieira, que pregou ao menos nove grandes sermões na festa do Santo. E se chamou Convento de Santo Antônio, o primeiro Convento franciscano do Sul do Brasil, no Rio de Janeiro, cuja pedra fundamental foi posta em junho de 1608.

Em um dos sermões, o padre Vieira lembra que não havia capela nem casa no Brasil em que Santo Antônio não tivesse seu nicho. Paralela à devoção paroquial, cresceu muito sua presença no quartel. Há muitos documentos que falam da militarização de Santo Antônio no Brasil. As principais fontes são as *Cartas Régias*, nas quais os monarcas portugueses confirmavam os postos e as patentes militares solicitados pelos *Requerimentos* ao próprio rei ou ao Conselho Ultramarino, que, por sua vez, emitia seus pareceres. A maior parte destes documentos se encontra compilada pelo professor e advogado José Carlos de Macedo Soares (1883-1968), membro da Academia Brasileira de Letras e do Instituto Histórico e Geográfico Brasileiro, em sua obra *Santo Antônio de Lisboa militar no Brasil*, publicada em 1942.

O primeiro soldo que Santo Antônio recebeu como soldado o recebeu na Bahia. A estátua foi a que se venerava no Convento dos franciscanos. Conta-se que ela estava antes na ilha de Arguim, na costa da África. Os hereges calvinistas franceses tomaram a ilha e destruíram as imagens dos santos. A de Santo Antônio foi levada para a nau para o escárnio dos soldados. Cravaram-lhe pregos nas costas e a açoitaram. Por fim a despedaçaram e jogaram no mar, dizendo: "Antônio, Antônio, guia, guia nosso navio pra Bahia". E quando chegaram à costa da Bahia, para espanto de todos os corsários, lá estava a imagem inteira, de pé, na praia à espera dos hereges invasores. E eles foram derrotados. A imagem, no dia 23 de agosto de 1595, foi conduzida para o Convento dos franciscanos, em procissão, levada pela Câmara e pelo Cabido, e Santo Antônio foi aclamado protetor da cidade de São Salvador. O rei de Portugal mandou que se pagasse ao Santo o mesmo soldo que recebia um soldado da Fortaleza de Santo Antônio da Barra.

Em 1624 os holandeses invadiram e tomaram a cidade de São Salvador. Diante do impossível, foi invocado Santo Antônio. O padre Vieira, em um famoso sermão, agradece ao Santo ter libertado a Bahia dos hereges. A Câmara de Salvador prometeu, caso Santo Antônio libertasse também Pernambuco dos hereges holandeses, celebrar sua festa todos os anos no dia em que o Nordeste ficasse libertado. Por isso, no dia 27 de janeiro de 1654, quando Pernambuco se livrou dos holandeses, celebraram festa solene em honra de Santo Antônio, com a presença de toda a Câmara.

Diante dos feitos realizados pelo soldado Antônio, a Câmara da cidade de Salvador pediu a promoção do Santo ao posto de capitão. E Santo Antônio aceitou a promoção. O rei de Portugal confirmou o novo posto militar de Santo Antônio por *Carta Régia* de 1707. O príncipe regente Dom João VI, para agradecer a proteção do Santo contra a invasão napoleônica, promoveu-o, por decreto de 13 de setembro de 1810, ao posto de sargento-mor, ou seja, de major de infantaria. Por decreto de 25 de novembro de 1814, Dom João VI elevou o Santo ao posto de tenente-coronel.

No frontispício do Convento Santo Antônio do Largo da Carioca no Rio, há uma imagem do Santo, que tem ligação com a defesa da cidade contra os invasores franceses. Sobre ela existe a lenda de que, tendo um Frade esculpido o corpo, não conseguia acertar a cabeça, que teria sido esculpida por um pedinte, em poucos minutos, enquanto o Frade fora buscar para ele um prato de comida. O fato é que a cabeça é separada do corpo. Foi essa a estátua que presidiu o exército na expulsão dos franceses em 1710. Em gratidão do povo, ela foi parar no frontispício da igreja, olhando para o mar, e recebeu uma lâmpada votiva até hoje acesa. Essa estátua foi condecorada várias vezes pelas autoridades e recebeu soldo do exército até 1911.

Santo Antônio do Largo da Carioca galgou vários postos militares. A primeira promoção que recebeu foi de Capitão da Infantaria, em 1710, pois ele já tinha, no Rio, o posto de soldado. O soldo era pago ao Convento que o repassava aos pobres, que nunca faltaram à porta do Convento. Em 1810 foi promovido a Sargento-Mor. Em 1814 foi promovido a Tenente Coronel. O soldo foi suspenso por uma portaria, que até hoje não foi encontrada, do Ministro da Guerra, em abril de 1911. Santo Antônio recebeu três insígnias. A primeira consta de um bastão de comando que o Governador da Colônia do Sacramento lhe ofereceu em 1705. Em 1814 o Príncipe Regente conferiu-lhe a Grã-cruz da Ordem de Cristo. Pouco depois lhe ofereceu uma riquíssima bengala de autoridade de seu uso pessoal. O Convento conserva as três insígnias.

O próprio Convento de Santo Antônio teve sensível proteção do Santo. Com a política maçônica de Dom Pedro II, embora ele fosse amigo dos Frades e almoçasse com eles todos os anos por ocasião da festa de São Francisco, o Convento entrou em decadência e, no final do Império, nele morava um único Frade. Já em 1854 foi instalado no Convento o Arquivo Público, que permaneceu até 1872. Em 1855 o Ministério da Justiça ocupou várias salas para nelas instalar o Júri. Em 1885, aquartelou-se no Convento o Sétimo Batalhão de Intendência, ocupando boa parte do Convento. Este batalhão permaneceu no Convento até 1901. Muitas celas foram ocupadas por escritórios de advocacia.

No dia 4 de setembro de 1911, sem prévio aviso, o segundo Procurador da República e o Diretor do Patrimônio Nacional tentaram despejar os Frades e sequestrar o Convento. Deram aos Frades 24 horas para se retirarem. O povo cercou o Convento para segurar e proteger os Frades. O Procurador tentou então a via judiciária, mas perdeu o processo e foi condenado a pagar as custas. Ainda recorreu ao Supremo, que lhe negou por unanimidade o provimento. Novamente Santo Antônio a defender e a restituir as coisas perdidas. Se ajudava a defender o povo contra os invasores, quanto mais não ajudaria seus Confrades a viverem em seu claustro, sua igreja! Desde 1911 o exército deixou de pagar o soldo a Santo Antônio, que era revertido em benefício dos pobres. Mas nunca foi extinto. O Convento guarda até hoje o altar portátil de Duque de Caxias. Ele costumava mandar celebrar Missa sobre este altar antes das batalhas. Anualmente, no dia 25 de agosto, soldados do exército vão ao Convento buscar o altar e sobre ele é celebrada a Santa Missa no Dia do Soldado.

21
SANTO ANTÔNIO, DOUTOR DA IGREJA

A Igreja costuma dar o título de doutor aos santos que, em vida, aclararam a fé católica, ou abriram um novo caminho de espiritualidade. São apenas 37 até hoje. Um deles é Santo Antônio, declarado doutor em 1946 pelo papa Pio XII. Vejamos, primeiro, quem são os doutores da Igreja, por ordem alfabética: Afonso, Agostinho, Alberto Magno, Ambrósio, Anselmo, Antônio, Atanásio, Basílio Magno, Beda, Bernardo, Boaventura, Catarina de Sena, Cirilo de Alexandria, Cirilo de Jerusalém, Efrém, Francisco de Sales, Gregório de Narek, Gregório Magno, Gregório Nazianzeno, Hilário, Hildegarda, Irineu, Isidoro, João Crisóstomo, João Damasceno, João da Cruz, João de Ávila, Jerônimo, Leão Magno, Lourenço de Bríndisi, Pedro Canísio, Pedro Damião, Pedro Crisólogo, Roberto Belarmino, Teresa de Jesus, Teresa de Lisieux, Tomás de Aquino.

Reproduzimos na íntegra o documento papal, que declara Santo Antônio doutor da Igreja. Nele se dizem as razões e se faz um resumo da atividade do Santo em sua vida. Antônio não é só o santo do povo, mas é o mestre entre os doutores:

"Exulta, ó feliz Lusitânia; regozija-te, feliz Pádua, porque a terra e o céu vos deram um homem que, qual astro luminoso, não menos brilhante pela santidade da vida e pela insigne fama dos milagres do que pelo esplendor da doutrina, iluminou e continua a iluminar todo o universo!

Antônio nasceu em Lisboa, a primeira cidade de Portugal, de pais cristãos, ilustres por virtude e sangue. Pode deduzir-se de muitos e certos indícios que desde os primeiros alvores da vida, foi abundantemente enriquecido pela mão do Onipotente com os tesouros da inocência e da sabedoria.

Ainda muito jovem, tendo vestido o hábito monástico entre os Cônegos Regulares de Santo Agostinho, durante onze anos dedicou-se com o maior empenho a enriquecer sua alma com as virtudes religiosas e seu espírito com a sã doutrina. Elevado depois à dignidade sacerdotal por graça do céu, enquanto vai aspirando à vida mais perfeita, os cinco Protomártires Franciscanos em missão de Marrocos consagram com seu sangue os princípios da Religião Seráfica. E Antônio, cheio de entusiasmo por triunfo tão glorioso da fé cristã, sentindo-se inflamado de vivíssimo desejo do martírio, (vestido o hábito franciscano), dirigiu-se contente em uma nau a Marrocos e chegou felizmente às praias africanas.

Vítima, no entanto, pouco depois, de grave enfermidade, viu-se obrigado a retomar a nau para voltar à pátria. Desencadeando-se então formidável tempestade, e sendo levado para uma e outra parte nas asas do vento e das ondas, finalmente, por disposição divina, é arrojado ao mais remoto extremo da costa italiana. Dali, desconhecendo o lugar e as pessoas, pensou em dirigir-se à cidade de Assis, onde então se celebrava o Capítulo Geral da Ordem dos Menores.

Chegado ali, teve a dita de ver e conhecer o Seráfico Pai São Francisco, cujo dulcíssimo aspecto o encheu de consolação e o incendiou de novo ardor seráfico. Tendo-se divulgado mais tarde a fama da celestial doutrina de Antônio, o mesmo Seráfico Patriarca, ao tomar dela conhecimento, confiou-lhe o ofício de ensinar Teologia a seus Frades, mandando-lhe este suavíssimo diploma: "A Frei Antônio, meu bispo, Frei Francisco deseja saúde. Apraz-me que ensines aos Frades a sagrada Teologia, contanto que neste estudo não extingas o espírito da santa oração e devoção, como na Regra se prescreve".

Antônio cumpriu fielmente o ofício do magistério, e deve considerar-se o primeiro professor da Ordem Franciscana. Ensinou primeiro em Bolonha, então primeira sede dos estudos; depois em Tolosa e, finalmente, em Montpellier, onde igualmente floresciam os estudos. Antônio ensinou a seus irmãos, recolhendo frutos abundantíssimos e, como lhe ordenara o Seráfico Patriarca, não deixou esmorecer o espírito da oração, antes o Santo de Pádua procurou instruir seus discípulos não só com o magistério da palavra, mas ainda muito mais com o exemplo de uma vida santíssima, conservando e defendendo especialmente o branco lírio da pureza virginal.

E Deus não deixou de lhe manifestar várias vezes quanto foi estimado pelo Cordeiro Jesus Cristo esse amor que tinha à pureza. Efetivamente, enquanto Antônio estava rezando solitário em sua cela eremítica, todo absorto com o espírito em Deus e com os olhos voltados para o céu, eis que, de repente, em um raio de luz, aparece-lhe o Divino Menino Jesus, cingindo-se ao colo do jovem franciscano, e com seus bracinhos cumula de carícias nosso Santo que, anjo em carne humana, arrebatado em suavíssimo êxtase, 'vai pascendo entre os lírios' (*Ct* 2,16) com os anjos e com o Cordeiro Divino.

Os autores coevos dão testemunho da muita luz que brilhou na doutrina de Antônio, aliada da pregação da palavra divina, e com eles os autores mais recentes que unanimemente celebram com altos louvores sua sabedoria e exaltam até o céu sua robusta eloquência. Quem atentamente percorrer os "Sermões" do paduano, descobrirá em Antônio o exegeta peritíssimo na interpretação das Sagradas Escrituras e o teólogo exímio na definição das verdades dogmáticas, bem como o insigne doutor e mestre em tratar as questões de ascética e de mística – tudo o que, como tesouro da arte divina da palavra, pode prestar não pouco auxílio, especialmente aos pregadores do Evangelho, pois constitui rica mina de onde os oradores sacros podem extrair as provas, os argumentos oportunos para defender a verdade, impugnar os erros, combater as heresias e reconduzir ao reto caminho.

Ademais, como Antônio costumava confirmar suas palavras com passos e sentenças do Evangelho, com pleno direito merece o título de "Doutor Evangélico". De fato, de seus escritos, como de fonte perene de água límpida, não poucos Doutores e Teólogos e oradores sacros têm extraído, e podem continuar a extrair, a sã doutrina, precisamente porque veem em Antônio o mestre e o doutor da Santa Mãe Igreja. Xisto IV, em sua Carta Apostólica *Immensa*, de 12 de março de 1472, escreve o seguinte: "O bem-aventurado Antônio de Pádua, como astro luminoso que surge do alto, com as excelentes prerrogativas de seus méritos, com a profunda sabedoria e doutrina das coisas santas e com sua fervorosíssima pregação, ilustrou, adornou e consolidou nossa fé ortodoxa e a Igreja católica". Igualmente Xisto V, em sua Bula Apostólica de 14 de janeiro de 1486, deixou escrito: "O bem-aventurado Antônio de Lisboa foi homem de exímia santidade..., e cheio também de sabedoria divina".

Além disso, nosso imediato predecessor Pio XI, de feliz memória, em sua Carta Apostólica *Antoniana Sollemnia*, publicada em l° de março de 1931 por ocasião do sétimo centenário da morte do Santo e dirigida ao Exmo. Sr. D. Elias da Costa, então Bispo de Pádua e agora Cardeal da Santa Igreja Romana e Arcebispo de Florença, celebrou a divina sabedoria com que este apóstolo franciscano se dedicou a restaurar a santidade e a integridade do Evangelho.

Apraz-nos também recordar da mencionada carta de nosso predecessor as seguintes palavras: "O taumaturgo de Pádua levou à sociedade de seu proceloso tempo, contaminada por maus costumes, os esplendores de sua sabedoria cristã e o suave perfume de suas virtudes... O vigor de seu apostolado manifestou-se de modo especial na Itália. Foi esse o campo de suas extraordinárias fadigas. Com isto, porém, não se quer excluir outras muitas regiões da França, porque Antônio, sem distinção de raças ou de nações, a todos abençoava no âmbito de sua atividade apostólica: portugueses, africanos, italianos e franceses, a todos, enfim, a quem reconhecesse necessitados do ensinamento católico. Combateu depois com tal ardor e com tão feliz êxito contra os hereges, isto é, contra os Albigenses, Cátaros e Patarenos, na época enfurecidos quase por toda a parte a tentarem extinguir no ânimo dos fiéis a luz da verdadeira fé, que foi chamado com razão "martelo dos hereges".

Nem se pode calar aqui, pelo peso e pela importância que representa, o sumo elogio que Gregório IX tributou ao Paduano, depois de ouvir a pregação de Antônio e comprovar seu admirável viver, chamando-o "Arca do Testamento" e "Arsenal das Sagradas Escrituras".

É igualmente mui digno de memória que, a 30 de maio de 1232, onze meses apenas depois de sua morte, o taumaturgo de Pádua seja inscrito no Catálogo dos Santos, e que, terminado o solene rito da canonização, o mesmo Gregório IX, segundo contam, tivesse entoado em voz alta, em honra do novo Santo, a antífona própria dos Doutores da Igreja: Ó grande Doutor, luz da Santa Igreja, Bem-aventurado Antônio, amante da lei divina, rogai por nós ao Filho de Deus!

Foi este precisamente o motivo por que desde o primeiro momento se começou a tributar na sagrada liturgia a Santo Antônio o culto próprio dos Doutores da Igreja, e no missal, "segundo o costume da Cúria Romana", se pôs em sua honra a missa dos Doutores. Essa missa, mesmo depois da correção do calendário, introduzida pelo Pontífice São Pio V em 1570, nunca deixou de se usar até nossos dias em todas as famílias franciscanas e nos cleros das dioceses de Pádua, de Portugal e do Brasil.

Pela mesma razão de tudo quanto até agora temos dito, logo depois da canonização de Antônio, impôs-se o costume de apresentar à veneração do povo cristão, na pintura e na escultura, a imagem do grande apóstolo franciscano, levando em uma das mãos ou perto um livro aberto, índice de sua sabedoria e de sua doutrina, e tendo na outra uma chama, símbolo do ardor de sua fé.

Por isso a ninguém deve admirar que não somente toda a Ordem franciscana, em especial por ocasião de seus Capítulos Gerais, mas também muitas ilustres personagens de todas as classes e condições tenham exprimido muitas vezes o vivo desejo de ver confirmado e estendido a toda a Igreja o culto de Doutor, desde há séculos tributado ao Taumaturgo de Pádua.

Esses desejos intensificados, principalmente por ocasião do sétimo centenário da morte de Santo Antônio, em vista também das honras extraordinárias a ele tributadas, a Ordem dos Frades Menores, primeiro a nosso imediato predecessor Pio XI e recentemente também a Nós, apresentou súplicas ardentes para que contássemos Antônio entre os Santos Doutores da Igreja.

E como para exprimir o mesmo desejo concorre também o sufrágio tanto de muitos Cardeais da Santa Igreja Romana, de Arcebispos e Bispos, de Prelados, Ordens e Congregações religiosas, como de outras doutíssimas personagens eclesiásticas e seculares e, finalmente, de mestres de Universidades, instituições e associações, julgamos oportuno confiar ao exame da Sagrada Congregação dos Ritos assunto de tanta importância.

Essa Sagrada Congregação, mostrando-se, como costuma, disposta a seguir as Nossas ordens, elegeu uma Comissão especial e oficial, para que fizesse exame cuidadoso da proposta. Pedido, pois, e obtido em separado e depois dado à estampa o voto de cada um dos comissionados, não faltava mais que interrogar os membros da Sagrada Congregação sobre se, dadas as três condições que Nosso predecessor Bento XIV requer no Doutor da Igreja universal, isto é, santidade insigne, eminente doutrina celeste e declaração pontifícia, julgava que se podia declarar Santo Antônio Doutor da Igreja universal.

Na sessão ordinária celebrada no Vaticano a 12 de junho de 1945, os Eminentíssimos Cardeais encarregados dos assuntos da Sagrada Congregação dos Ritos, depois que Nosso amado filho Rafael Carlos Rossi, Cardeal-Presbítero, Secretário da Sagrada Congregação Consistorial e relator desta causa, fez sobre ela o devido relatório, e depois de ter ouvido o parecer de Nosso amado filho Salvador Natucci, Promotor Geral da Fé, deram seu próprio assentimento.

Estando assim as coisas, Nós, por Nossa espontânea e boa vontade, secundando o desejo de todos os Franciscanos e de todos os demais citados, pelo teor da presente carta, de ciência certa e com madura deliberação e com a plenitude do poder apostólico, constituímos e declaramos a Santo Antônio de Pádua, Confessor, Doutor universal da Igreja, sem que possam obstar as Constituições e Ordenações Apostólicas e qualquer outra coisa em contrário. E isto o estabelecemos, decretando que a presente carta deva ser e permanecer sempre firme, válida e eficaz, e surta e obtenha seu pleno e inteiro efeito, que assim, e não de outra maneira, deva-se julgar e definir; como também, a partir deste momento, declaramos inválido e nulo tudo quanto porventura intente contra as preditas disposições qualquer pessoa ou autoridade por conhecimento ou por ignorância.

Dada em Roma, junto de São Pedro, sob o anel do Pescador, no dia 16 de janeiro, festa dos Protomártires Franciscanos, no ano de 1946, sétimo de nosso Pontificado. Pio XII, Papa".

22
PAPAS FALAM DE SANTO ANTÔNIO

Já vimos um longo texto do papa Pio XII: a bula que declarou Santo Antônio doutor da Igreja. Vejamos textos dos Papas João Paulo II, de Bento XVI e de Francisco.

De João Paulo II

No dia 12 de setembro de 1982, o papa João Paulo II visitou Pádua e celebrou na Basílica do Santo. De seu sermão, separamos estes trechos:

"Em todo o arco de sua existência terrena foi um homem evangélico; e se como tal o honramos, é porque acreditamos que nele pousou com particular efusão o Espírito do Senhor, enriquecendo-o dos seus admiráveis dons e estimulando-o 'desde o interior' a empreender uma ação que, muito notável nos quarenta anos de vida, longe de ser exaurida no tempo, continua, vigorosa e providencial, também para os nossos dias.

Sem fazer exclusões ou preferências, é um sinal, este, que nele a santidade atingiu vértices de excepcional altura, impondo-se a todos com a força dos exemplos e conferindo a seu culto a máxima expansão no mundo. De fato, é difícil encontrar cidade ou país do mundo católico, onde não haja pelo menos um altar ou uma imagem do Santo: sua serena efígie ilumina com um suave sorriso milhões de lares cristãos, nos quais a fé alimenta, por seu intermédio, a esperança na Providência do Pai Celeste. Os fiéis, sobretudo os mais humildes e indefesos, consideram-no e sentem-no como seu Santo: pronto sempre e poderoso intercessor em favor deles.

Um vasto campo, em que se manifestou melhor tal *ação evangelizadora* de Santo Antônio, foi sem dúvida o da sagrada pregação. Aqui, de fato, no sábio e corajoso anúncio da Palavra de Deus, encontramos um dos traços salientes de sua personalidade: foi a incansável atividade de pregador, juntamente com seus escritos, que lhe mereceu o apelativo de *Doutor do Evangelho*.

Sua pregação não era declamatória ou limitada a vagas exortações para se levar uma vida boa; ele entendia anunciar verdadeiramente o Evangelho, bem sabendo que as palavras de Cristo não eram como as outras palavras, mas possuíam uma força que penetrava os ouvintes. Por longos anos dedicara-se ao estudo das Escrituras, e precisamente esta preparação consentia-lhe anunciar ao povo a mensagem de salvação com excepcional vigor. Os seus ardorosos discursos agradavam ao povo, que sentia íntima necessidade de escutá-lo e não conseguia, depois, subtrair-se à força espiritual das suas palavras.

Ao ministério da palavra Antônio soube unir a administração do Sacramento da Penitência. Grande no púlpito, ele não foi menos grande dentro do confessionário. Pregação e ministério da confissão, de fato, colocavam-se como dois momentos de uma atividade pastoral que tem no fundo o mesmo objetivo: o pregador antes semeia a palavra de verdade, corroborando-a com seu pessoal testemunho e com a oração; e ele mesmo recolhe depois os frutos como confessor, no momento em que recebe as almas sinceramente arrependidas e as oferece, para o perdão e a vida, ao Pai das misericórdias. *Pregação e Penitência*: eis um grande binômio de pura matriz evangélica".

No dia 12 de junho de 1994, o papa João Paulo II escreveu uma carta aos Franciscanos, dando todo o apoio às celebrações do Oitavo Centenário de nascimento de Santo Antônio. Transcrevemos um trecho:

"É necessário que todos os pastores e fiéis redescubram, por uma devoção sincera, a pessoa de Santo Antônio, estudem seu itinerário espiritual, saibam descobrir suas virtudes, escutem docilmente a mensagem que brota de sua vida.

Toda a sua pregação foi um anúncio contínuo e incansável do Evangelho. Um anúncio veraz, corajoso, límpido. A pregação era sua maneira de acender a fé nas almas, de purificá-las, de consolá-las, de iluminá-las. Ele construiu sua vida sobre o Cristo. As virtudes evangélicas, sobretudo a pobreza em espírito, a mansidão, a humildade, a castidade, a misericórdia, a coragem da paz foram temas constantes de sua pregação.

Precisamente porque estava cheio de amor pelo Cristo e pelo Evangelho, Santo Antônio iluminava com o espírito de amor a divina sabedoria que ele tinha tirado da leitura assídua das Sagradas Escrituras. As Sagradas Escrituras eram para ele a 'terra parturiens', que faz nascer a fé, funda a moral e atrai a alma para sua doçura. No curso de seu itinerário para Deus, Antônio nutriu seu espírito neste segredo insondável, encontrando aí sua sabedoria e sua doutrina, sua força apostólica e sua esperança, seu zelo infatigável e sua ardente caridade. Ele empregou todos os meios científicos, que então se conheciam, para aprofundar o conhecimento da verdade evangélica e tornar seu anúncio mais compreensível. O sucesso de sua pregação confirma o fato de que ele soube falar a linguagem de seus ouvintes, conseguindo transmitir de uma maneira eficaz o conteúdo da fé e fazendo com que a cultura popular de seu tempo acolhesse os valores evangélicos.

A comunidade dos fiéis deve tomar consciência sempre nova da eterna atualidade do Evangelho, reconhecendo que, por meio da pregação, a figura do Verbo encarnado se nos apresenta de novo, como se realizou na pregação de Santo Antônio, autêntica, atual, próxima de nossa história, rica em graça e capaz de suscitar nos corações uma intensa efusão de caridade sobrenatural.

De Bento XVI

O papa Bento XVI falou de Santo Antônio na Catequese do dia 10 de fevereiro de 2010. Destacamos alguns trechos:

"Trata-se de um dos santos mais populares de toda a Igreja católica. Antônio contribuiu de modo significativo para o desenvolvimento da espiritualidade franciscana, com seus salientes dotes de inteligência, equilíbrio, zelo apostólico e, principalmente, fervor místico.

No último período de vida, Antônio pôs por escrito dois ciclos de Sermões, intitulados respectivamente 'Sermões dominicais' e 'Sermões, sobre os Santos', destinados aos pregadores e aos professores dos estudos teológicos da Ordem franciscana. Nestes Sermões, Santo Antônio fala da oração como de uma relação de amor, que estimula o homem a dialogar docilmente com o Senhor, criando uma alegria inefável, que suavemente envolve a alma em oração. Antônio recorda-nos que a oração precisa de uma atmosfera de silêncio que não coincide com o desapego do rumor externo, mas é experiência interior, que tem por finalidade remover as distrações causadas pelas preocupações da alma, criando o silêncio na própria alma. Segundo o ensinamento deste insigne Doutor franciscano, a oração é articulada em quatro atitudes indispensáveis que, no latim de Antônio, são assim definidas: *obsecratio, oratio, postulatio, gratiarum actio*. Poderíamos traduzi-las do seguinte modo: abrir com confiança o próprio coração a Deus; é este o primeiro passo do rezar, não simplesmente colher uma palavra, mas abrir o coração à presença de Deus; depois, dialogar afetuosamente com Ele, vendo-o presente comigo; e depois muito natural apresentar-lhe nossas necessidades; por fim, louvá-lo e agradecer-lhe.

Antônio, na escola de Francisco, coloca sempre Cristo no centro da vida e do pensamento, da ação e da pregação. Esta é outra característica típica da teologia franciscana: o cristocentrismo. Ela contempla benevolamente, e convida a contemplar os mistérios da humanidade do Senhor, o homem Jesus, de modo particular, o mistério da Natividade, Deus que se fez Menino, entregou-se em nossas mãos: um mistério que suscita sentimentos de amor e de gratidão para com a bondade divina. Por um lado a Natividade, ponto central do amor de Cristo pela humanidade, mas também a visão do Crucifixo inspira em Antônio pensamentos de reconhecimento para com Deus e de estima pela dignidade da pessoa humana, de modo que todos, crentes e não crentes, possam encontrar no Crucificado e em sua imagem um significado que enriquece a vida.

Meditando estas palavras podemos compreender melhor a importância da imagem do Crucifixo para nossa cultura, para nosso humanismo nascido da fé cristã. Precisamente olhando para o Crucifixo vemos, como diz Santo Antônio, como são grandes a dignidade humana e o valor do homem. Em nenhum outro ponto se pode compreender quanto o homem vale, precisamente porque Deus nos torna tão importantes, vê-nos tão importantes, que somos, para Ele, dignos de seu sofrimento; assim, toda a dignidade humana aparece no espelho do Crucifixo e olhar em sua direção é sempre fonte do reconhecimento da dignidade humana.

Possa Antônio de Pádua, tão venerado pelos fiéis, interceder por toda a Igreja e, especialmente, por aqueles que se dedicam à pregação. Seja ela uma apresentação eficaz da beleza eterna de Cristo".

Do papa Francisco

No dia 4 de junho de 2020, o papa Francisco escreveu uma carta aos Franciscanos para, com eles, celebrar os 800 anos da vocação franciscana de Santo Antônio:

"Espero que a significativa recorrência do oitavo centenário da vocação de Santo Antônio desperte, especialmente nos Religiosos Franciscanos e nos devotos de Santo Antônio, espalhados por todo o mundo, o desejo de experimentar a mesma santa inquietação que o levou pelos caminhos do mundo a testemunhar, com a palavra e as obras, o amor de Deus. Que seu exemplo de partilha das dificuldades das famílias, dos pobres e dos desfavorecidos, bem como sua paixão pela verdade e pela justiça, possa, ainda hoje, despertar um generoso compromisso de entrega, em sinal de fraternidade. Penso sobretudo nos jovens: este santo antigo, mas tão moderno e genial em suas intuições, pode constituir para as novas gerações um modelo a seguir, para tornar fecunda a vida de cada um".

23
ALGUNS TEXTOS DE SANTO ANTÔNIO

Os escritos de Santo Antônio, todos em latim, não são de leitura fácil. Escolhemos alguns que tocam nos principais temas abordados por ele nos sermões. Em outro capítulo, mencionamos as traduções integrais encontráveis em nossas livrarias.

Como deve ser a pregação

"A pregação deve ser sólida, isto é, cheia da plenitude das boas obras. Tem de apresentar palavras verdadeiras e não falsas, não ridículas ou frívolas ou enfeitadas, mas tem de propor assuntos que levem ao pranto. Donde a palavra de Salomão no Eclesiastes. As palavras do sábio são como aguilhões e como cravos profundamente pregados (*Ecl* 12,11). Assim como o aguilhão quando fere, faz correr sangue, e o cravo, que se espeta na mão, provoca grande dor, também as palavras dos sábios devem aguilhoar o coração do pecador e fazer brotar o sangue das lágrimas, no dizer de Santo Agostinho, sangue da alma, e provocar a dor dos pecados passados e das penas do inferno.

A pregação deve ser reta, de modo que o pregador não desfaça com suas obras o que disse no sermão. De fato, perde-se a autoridade de falar, quando a palavra não se faz acompanhar de obras.

Deve ainda encaminhar-se a corrigir, para que os ouvintes corrijam sua vida ao ouvir a pregação. Com esta vara, o bom pastor, o bom prelado ou pregador corrige e apascenta o rebanho das suas ovelhas, tal como o corrigiu e apascentou aquele bom pastor que afirma no Evangelho: Eu sou o bom pastor" (*II Domingo da Páscoa, exórdio*).

Humildade:

"Diz-se que o coração se forma no útero antes de todos os outros membros. O coração simboliza a humildade. É no coração que ela escolhe sua principal morada. Por isso disse Jesus (*Mt* 11,29): Aprendei de mim que sou manso e humilde de coração. A humildade deve formar-se antes das demais virtudes, porque ela é a fôrma que dá forma às coisas deformadas. Nela toma princípio toda boa obra. Ela é a mãe e a raiz de todas as virtudes. Daí a palavra de São Bernardo: quanto mais profundamente lançares o alicerce da humildade, tanto mais alto subirá o edifício. A humildade é a mais nobre de todas as virtudes. Se a humildade se corrompe, desaparece o edifício de todas as outras virtudes. Quem reúne virtudes sem humildade é como aquele que transporta pó ao vento" (*III Domingo depois da Páscoa*, n. 13).

Avareza, ira, luxúria, soberba:

"Diz Jesus: Então, irado, o pai de família disse a seu servo: vai já pelas praças e ruas da cidade e traze para cá os pobres e os fracos, os cegos e os coxos (*Lc* 14,21). Recusando os primeiros convidados vir à ceia do Senhor, é enviado um servo para introduzir os pobres, os fracos, os cegos e os coxos. De fato, raramente são delinquentes aqueles a quem faltam os atrativos de pecar, e mais depressa se convertem à graça aqueles que não possuem no mundo coisa com que se deleitar.

Por isso, é ditosa a miséria que conduz ao melhor, é ditoso o negrume que gera o candor. Os destituídos, pois, da abundância das coisas mundanas, como são os pobres e os destituídos da saúde do corpo, como são os fracos, os cegos e os coxos, aos quais faltam os atrativos de pecar, mais facilmente são introduzidos na ceia do Senhor.

E nota: não foi ao acaso que nomeou especialmente estes quatro: os pobres, os fracos, os cegos e os coxos. Pobre é o que manda pouco e tem pouco. Fraco é aquele a quem a bílis tornou fraco; a bílis, de fato, é uma excreção do fel, que afeta o corpo. Fraqueza e enfraquecer querem dizer tornar fraco. Cego é o que carece de vista, o que não vê de ambos os olhos. O coxo é como que fechado no andar. Estes quatro designam quatro gêneros de homens, enredados em quatro vícios: a avareza, a ira, a luxúria e a soberba.

Avarento é um pobre, a quem o dinheiro governa em vez de se governar a si; não é possuidor, mas possuído; embora tenha muito, crê ter pouco. Donde a palavra de um filósofo: é miserável, ainda que seja senhor de todo o mundo, aquele cujos bens não lhe parecem muito amplos. O mesmo filósofo: não considero pobre aquele cujos haveres vão além do suficiente, por pouco que seja.

Fraco é o iracundo. Impregnado pela amargura do fel, de tal modo se incendeia na ira que se torna incapaz de operar a justiça de Deus, enquanto dela está possuído. Sobre isso diz Jó: A ira mata o homem estulto (*Jó*, 5,2).

Luxurioso é o cego, privado da vista da graça, sem ambos os olhos: o da razão e o da inteligência. Soberbo é o coxo, incapaz de andar de passo firme pelo caminho da humildade. Sobre tais e semelhantes vícios refere um filósofo: de todos os modos se deve evitar, cortar a ferro e fogo e separar com todo o artifício a moleza do corpo, a ignorância do ânimo, a luxúria do ventre, a sedição da cidade e a discórdia do homem. O misericordioso Senhor, por meio do pregador da Santa Igreja, convida à ceia da pátria celestes estes quatro pecadores, detidos nas praças, ou seja, no prazer da carne, e nas ruas, ou seja, na vaidade do mundo" (*II domingo de Pentecostes*, n. 11).

Ganância:

"Jesus foi entregue por um de seus discípulos: 'Que me dareis, se eu vô-lo entregar?' (*Mt* 26,15). Quer horror! Põe-se em leilão um objeto sem preço! Ai! Deus é entregue, vendido por pouco dinheiro! Que me dareis? Ó Judas, pretendes vender o Senhor, o Filho de Deus, como se fora vil escravo, cão morto; e tu procuras saber, não a tua vontade, mas a vontade dos compradores. Que me dareis? E que te podem eles dar? Se te dessem Jerusalém, a Galileia e a Samaria, porventura poderiam comprar Jesus? Se te pudessem dar o céu e os anjos, a terra e os homens, o mar e tudo o que nele existe, acaso poderiam comprar o Filho de Deus, no qual existem todos os tesouros da sabedoria e da ciência? (*Cl* 2,3). Certamente que não.

O Criador pode, acaso, ser comprado ou vendido por uma criatura? E tu dizes: Que me dareis se eu vô-lo entregar? Diz-me em que te prejudicou e que mal te fez, porque tu dizes: eu vô-lo entregarei? Esqueceste aquela incomparável humildade do Filho de Deus e sua pobreza voluntária? Sua benignidade e afabilidade? Sua doce pregação e prodigiosos milagres? Aquelas terníssimas lágrimas derramadas sobre Jerusalém e por causa da morte de Lázaro. E o privilégio de ter-te escolhido para Apóstolo e feito seu familiar e amigo? Estas e semelhantes coisas haveriam de abrandar-te o coração e provocar à piedade, para que não dissesses: e eu vô-lo entregarei. Oh, quantos são hoje os Judas Iscariotes (que se interpreta 'mercadoria'), que vendem a verdade em troca de alguma vantagem temporal, entregam o próximo com o ósculo da adulação, e desta forma acabam por enforcar-se no laço da condenação eterna!" (*Domingo da Quinquagésima*, n. 15).

Espírito Santo:

"E começaram a falar em várias línguas, conforme o Espírito Santo lhe concedia que falassem (*At* 2,4). O que está cheio do Espírito Santo fala várias línguas. As várias línguas são os vários testemunhos de Cristo, tais como a humildade, a pobreza, a paciência e a obediência. Falamos com estas virtudes, quando as mostramos aos outros em nós mesmos. A linguagem é viva, quando falam as obras. Cessem, por favor, as palavras, falem as obras! Estamos cheios de palavras, mas vazios de obras e, por isso, somos amaldiçoados pelo Senhor. Ele mesmo amaldiçoou a figueira em que não encontrou fruto, mas somente folhas. Ao pregador foi dada a lei, escreve São Gregório, de realizar aquilo que prega. Em vão se gaba do conhecimento da lei quem destrói com as obras a doutrina.

Os Apóstolos falavam conforme o Espírito Santo lhes concedia que falassem. Ditoso o que fala segundo o dom do Espírito Santo, não segundo seu ânimo. Há, de fato, alguns que falam de seu espírito, roubam as palavras dos outros e propõem-nas como próprias e atribuem-nas a si" (*Domingo de Pentecostes*, n. 16).

Maria

"Observe-se que Maria Santíssima foi como um sol refulgente na Anunciação do Anjo: *como* um *arco-íris refulgente*, na concepção do Filho de Deus; *como rosa* e lírio, em seu natal. No sol há três propriedades; o esplendor, o candor e o calor, que respondem às três cláusulas das palavras de São Gabriel. A primeira: *Ave, ó cheia de graça*. A segunda: *Não temas*. A terceira: *O Espírito Santo virá sobre ti*.

Quando diz: *Ave, ó cheia de graça, o Senhor é contigo, bendita és tu entre as mulheres*, eis o esplendor do sol. Pode isto referir-se às quatro virtudes cardeais, cada uma das quais brilhou em Maria de três modos. Assim, da temperança teve a prudência da carne, a modéstia da palavra, a humildade do coração. Teve a prudência, quando perturbada se calou, compreendeu o que ouviu e respondeu ao que lhe foi proposto. Teve a justiça, quando entregou a cada um o que lhe pertencia. Com efeito, tomou uma atitude de coração forte em seus Desponsórios, na Circuncisão do Filho, na Purificação legal. Mostrou compaixão para com os aflitos quando disse: *Eles não têm vinho*. Teve a comunhão dos santos, quando perseverava em oração juntamente com os Apóstolos e com as mulheres. Da fortaleza ou magnanimidade tomou o propósito da virgindade, reteve-o e mostrou-se digna de valor tão excelso" (*Primeiro Sermão da Anunciação*, n. 2).

24
ALGUMAS ORAÇÕES DE SANTO ANTÔNIO

Oração a Deus Pai

Ó mansidão da divina misericórdia! Ó paciência da paterna bondade! Ó profundo e imperscrutável mistério do eterno desígnio! Tu, Pai, vias o teu Unigênito, que é igual a ti, ser amarrado à coluna como um bandido e flagelado como um homicida. Como pudeste conter-te? Nós te agradecemos, Pai santo, porque pelas correntes e flagelos do teu filho dileto fomos libertados das cadeias do pecado e dos flagelos do diabo. A ti, Pai, o louvor e a glória para sempre! (*Sermão da Quinquagésima*, 17).

Oração a Deus Filho

Senhor Jesus, vela sobre a herança que, para não morreres sem nada deixar, quiseste confirmar a teus filhos com teu sangue!

Concede-lhes anunciar com confiança a tua palavra!

Não abandones a vida dos teus pobres, que tu mesmo redimiste e que não têm outra herança fora de ti!

Sustenta-os, Senhor, com o cajado do teu poder, pois são teus pobres!

Guia-os! Não os abandones para que, sem ti, venham a abandonar o caminho reto!

Conduze-os até o fim, para que, vivendo em ti, que és seu ideal, possam chegar a ti, que és sua meta (*XII domingo de Pentecostes*,14).

Oração a Deus Espírito Santo

Pedimos-vos humilde e devotamente: infundi vossa graça em nossas almas a fim de que se complete o dia de Pentecostes na perfeição dos nossos cinco sentidos e na obediência aos dez mandamentos e sejamos repletos do impetuoso vento da contrição e sejamos inflamados pelas línguas de fogo da confissão. Assim inflamados e iluminados mereçamos ver o Deus uno e trino entre os resplendores dos santos. Isto nos conceda aquele que é Deus uno e trino e é bendito nos séculos dos séculos. E todos digam: Assim seja! (*Sermão de Pentecostes, 16*).

Oração à Mãe de Deus

Rogamos-te, Senhora nossa, ínclita Mãe de Deus, exaltada acima dos coros angelicais, que enchas o vaso de nosso coração com a graça celeste!

Que o faças refulgir com o ouro da sabedoria!

Que o sustentes com o poder de tua intercessão e o adornes com a pedra preciosa das tuas virtudes!

Que derrames sobre nós o azeite da tua bendita misericórdia, com o qual cubras a multidão dos nossos pecados e assim sejamos considerados dignos de ser elevados à altura da glória celeste e viver para sempre felizes com os bem-aventurados!

Isto nos conceda Jesus Cristo, teu filho, que te exaltou acima dos coros dos anjos, te coroou com o diadema real e te colocou no trono do eterno esplendor. A ele seja a honra e a glória pelos séculos eternos. E toda a Igreja diga: Assim seja! (*Festa da Assunção*, 5).

25
A BÊNÇÃO DE SANTO ANTÔNIO

D.: O Senhor esteja convosco!

T.: Ele está no meio de nós!

D.: O nosso auxílio está no Nome do Senhor!

T.: Que fez o céu e a terra!

D.: Rogai por nós, glorioso Santo Antônio!

T.: Para que sejamos dignos das promessas de Cristo!

D.: Pela imposição de minhas mãos e a invocação de todos os santos, especialmente de Santo Antônio, Deus, nosso Pai, vos abençoe!

T.: Amém!

D.: Vos dê a saúde do corpo e do espírito!

T.: Amém!

D.: Vos dê a alegria de viver em sua presença!

T.: Amém!

D.: Vos conceda a solução de todos os vossos problemas pessoais, conjugais, familiares e comunitários!

T.: Amém!

D.: Vos ajude na segurança do emprego e do salário!

T.: Amém!

D.: Vos proteja de toda a violência e desgraça!

T. Amém!

D.: Vos enriqueça com a paz e todo o bem!

T.: Amém!

D.: Vos conceda a felicidade na terra e a glória no céu!

T.: Amém!

D.: Afastem-se para longe de vós todos os inimigos da salvação, porque venceu a morte e o pecado Jesus, o Filho de Deus, descendente de Davi. Este é o seu sinal, esta é a Cruz do Senhor: (†) Em nome do Pai e do Filho e do Espírito Santo!

T.: Amém!

– Pai nosso...

26
ORAÇÕES A SANTO ANTÔNIO

Para pedir a Humildade

Meu glorioso Santo, lembrastes muitas vezes nas vossas pregações, a humildade do Filho de Deus em Belém, no Batismo, na Paixão, na Cruz e em tantos outros momentos de sua vida terrena. Lembrastes que ele mesmo se apresentou como exemplo de humildade, quando nos aconselhou: Aprendei de mim que sou manso e humilde de coração. Lembrastes o grande gesto de Jesus na Última Ceia: ajoelhou-se aos pés dos apóstolos e lhes lavou os pés e lhes pediu que repetissem o comportamento humilde. Dai-me por alguns momentos o Menino Deus que trazeis no colo, para que ele me purifique do orgulho e da vaidade e me faça perceber que só um coração humilde é terra boa para receber as graças e as bênçãos do céu. Amém!

Para pedir a Caridade

Meu glorioso Santo, vós abristes vosso coração a todos os necessitados e com eles repartistes vossas alegrias e tristezas, vosso saber e o pão de vossa mesa. Vossa fé se fez misericórdia. Vossa caridade plantou muita esperança nos que vos procuraram no meio do desespero, da dúvida e do sofrimento. Sei que a caridade anda junto com a esperança e a fé. Sei que a caridade é a alma da fé, como a alma é a vida do corpo. Que eu tenha um coração generoso.

Que minha fé floresça na alegria e frutifique com abundância. E que eu sinta em minha vida a riqueza da misericórdia divina. Amém!

Para encontrar coisas perdidas

Meu glorioso Santo, o Evangelho nos conta da moeda perdida, que foi encontrada, e da ovelha perdida, que o Pastor procurou e trouxe de volta sobre os ombros. O próprio Jesus disse que veio ao mundo para encontrar o que estava perdido. Muitas vezes me ajudastes a achar coisas que eu havia perdido ou esquecido. Obrigado por essa preciosa ajuda. Mas hoje quero pedir vossa intercessão permanente para eu nunca perder o bom senso, que me faz encontrar sempre de novo o caminho certo; nunca perder a fé, que é a luz que ilumina meus passos; nunca perder a esperança, que reaviva diariamente a minha vida; nunca perder as boas amizades, que me fazem viver feliz; e nunca perder a certeza de que posso sempre contar convosco. Amém!

Oração pela família

Meu glorioso Santo, abençoai nossas famílias para que elas sejam um lugar de amor, de partilha, de mútua compreensão e de crescimento. Afastai de nossas famílias a divisão provocada pelo egoísmo, que impede nossas casas de serem uma comunidade de vida e de amor. Protegei o namoro dos nossos jovens, para que aprendam a transformar as diferenças existentes em riqueza da família e fortalecimento da maturidade. Vós nascestes em uma família feliz. O Menino que tendes nos braços é filho da família mais santa que houve na terra. Que ele esteja sempre presente em nossas famílias, como um filho e irmão nosso. Amém!